시시詩視한
명언 인문학

명언과 명시의 만남

시시詩視한 명언 인문학
명언과 명시의 만남

초판 1쇄 발행 2023년 10월 27일

지은이 고석근
펴낸이 장길수
펴낸곳 지식과감성#
출판등록 제2012-000081호

교정 이주연
디자인 오정은
편집 김초롱
검수 정은솔, 이현
마케팅 김윤길

주소 서울시 금천구 빛꽃로298 대륭포스트타워6차 1212호
전화 070-4651-3730~4
팩스 070-4325-7006
이메일 ksbookup@naver.com
홈페이지 www.knsbookup.com

ISBN 979-11-392-1387-4(03810)
값 15,000원

- 이 책의 판권은 지은이에게 있습니다.
- 이 책 내용의 전부 또는 일부를 재사용하려면 반드시 지은이의 서면 동의를 받아야 합니다.
- 잘못된 책은 구입하신 곳에서 바꾸어 드립니다.

지식과감성#
홈페이지 바로가기

시시詩視한
명언 인문학

명언과 명시의 만남

고석근 지음

여는 글

지금 이 시대, 어떻게 살아야 할까요?
많은 사람들이 '삶의 길'을 묻습니다.
과거에는 신(神)이 삶의 지도를 제공해 주었습니다.

지금은 신이 죽은 시대입니다.
우리 스스로 길을 찾아가야 하는 시대입니다.

저는 인류의 스승들이 이미 우리에게 삶의 길을 충분히 가르쳐 주었다고 생각합니다.
저는 인류의 스승들이 우리에게 남긴 말씀들을 통해 삶의 길을 찾아갈 수 있다고 생각합니다.

저는 성현(聖賢)들이 남긴 명언들의 정신을 현재의 구체적인 삶 속에서 찾아보고자 합니다.
명언의 정신은 시(詩)를 통해 선명하게 드러날 수 있다고 생각합니다.

우리가 쓰는 일상어는 삶의 도구일 따름입니다.
시는 찰나의 언어입니다. 번개처럼 우리의 삶의 길을 생생하게 드

러낼 것입니다.

저의 《시시詩視한 명언 인문학 - 명언과 명시의 만남》이 삶의 길을 찾아가는 모든 분들에게 자그마한 빛이 되기를 간절히 소망합니다.

2023년 한여름에

고석근

차례

여는 글

1. 너 자신을 알라

너 자신을 알라 10
나는 내가 무겁다 14
타자 없는 자아는 없다 18
자신을 사랑한다는 것 23
주인의 삶 27

2. 삶은 기적이다

삶은 기적이다 34
잉여 인간 유감 37
롤 모델 42
나는 신이다 47
나는 자연인이다 52

3. 사랑의 기술

사랑의 기술 58
고속도로 가족 63
잃어버린 마을을 찾아서 68
잃어버린 도덕을 찾아서 73
이기주의를 위하여 78

4. 쌀독에서 인심 난다

쌀독에서 인심 난다	86
맨 앞에 뭐가 있는데?	91
작은 것이 아름답다	96
황홀경을 찾아서	100
시선은 권력이다	105

5. 기다림

기다림	112
아름다움은 추하다	117
희망 고문	122
부모 찬스	126
부모님의 위대한 유산	131

6. 상상력은 영혼의 눈이다

상상력은 영혼의 눈이다	138
가르침과 배움	143
인생은 한바탕 꿈이다	148
나의 해방일지	153
삶도 모르는데 어찌 죽음을 알겠는가?	158

너 자신을 알라

1

너 자신을 알라

> 무지를 아는 것이 곧 앎의 시작이다.
> - 소크라테스(Socrates, B.C.470-B.C.399, 고대 그리스의 철학자)

프랑스의 낭만주의 작가 빅토르 위고의 소설 《레 미제라블》에 나오는 이야기 한 토막.

미리엘 신부가 걸인인 장발장을 데려다 따뜻한 음식을 대접하고 재워 주지만 장발장은 새벽에 은제 제기를 갖고 도망을 친다.

장발장을 수상하게 여긴 경찰은 그를 절도죄로 체포하여 미리엘 신부에게 데려온다.

하지만 미리엘 신부는 은제 제기를 장발장에게 선물로 주었다고 말하며 "은촛대는 왜 안 가져갔느냐?"라고 장발장에게 묻는다.

장발장은 누구인가? 보통 사람들의 눈에는 분명히 '절도범'으로 보일 것이다. 하지만 신부의 눈에는 어떻게 보였을까?

신부는 장발장의 내면에서 '성령(聖靈)'을 보았을 것이다. 누가 장발장을 제대로 본 것일까?

　인류의 스승 소크라테스는 우리에게 말한다. "무지를 아는 것이 곧 앎의 시작이다."

　장발장이 우리 눈에 선명하게 절도범으로 보일 때, 우리는 '나는 그를 모른다!'라는 것을 선명하게 알아야 한다.

　눈에 보이는 것이 다가 아닌 것이다. 우리의 뇌는 세상이 심어 준 언어(생각)로만 세상을 본다.

　절도범이라는 언어를 익혀 장발장이 그렇게 보이는 것이다. 이 언어를 내려놓아야 한다.

　미리엘 신부는 오랫동안 수행을 하며 마음의 눈으로 이 세상을 보게 되었을 것이다.

　우리의 눈에 절도범 장발장이 선명하게 보였을 때, 우리는 '나는 그를 모른다!'라고 속으로 외치며 마음을 완전히 내려놓아야 한다.

　그러면 선명하게 보이기 시작할 것이다. 장발장의 내면에 있는 신처럼 거룩한 영혼이.

자신의 눈에 보이는 것들이 다 허상임을 아는 것, 이것이 앎의 시작이라고 소크라테스는 말한다.

"이렇게 항상 자신을 성찰하며 네 자신이 스스로 이 세상의 진리를 알 수 있는 존재라는 것을 알라!"

고대 그리스 아테네에서는 이 세상의 이치를 로고스라고 했다. 이 로고스를 아는 인간의 마음도 로고스라고 했다.

중국의 '성즉리(性卽理)'와 같다. '인간의 본성(性)이 곧 이 세상의 이치(理)'라는 것이다. 본성으로 이 세상을 보면, 진리가 그대로 보인다는 것이다.

지금 이 세상의 어디선가 울고 있는 이
까닭 없이 울고 있는 이
그 사람은 나를 위해 울고 있다.

지금 이 세상의 어디선가 웃고 있는 이
밤 속에서 까닭 없이 웃고 있는 이
그 사람은 나를 위해 웃고 있다.

- 라이나 마리아 릴케, 〈엄숙한 시간〉 부분

우리는 항상 마음을 고요히 가라앉혀 '엄숙한 시간'이 되어야 한다.

그러면, '이 세상의 어디선가'에서 '까닭 없이 울고 있는 이'가 나를 위해 울고, '까닭 없이 웃고 있는 이'가 나를 위해 웃고 있다는 것을 알게 될 것이다.

나는 내가 무겁다

> 희망이란 원래부터 있는 것이라고 보기도 어렵다.
> 그것은 지상의 길과 같다. 원래 지상에는 길이 없다.
> 걷는 사람이 많아지면 그것이 길이 된다.
>
> - 루쉰(魯迅, 1881-1936, 중국의 소설가)

헝가리 출신의 철학자 게오르크 루카치는 《소설의 이론》의 첫 대목에서 다음과 같이 말한다. "별이 빛나는 창공을 보고 갈 수가 있고 또 가야만 하는 길의 지도를 읽을 수 있던 시대는 얼마나 행복했던가? 그리고 별빛이 그 길을 훤히 밝혀 주던 시대는 얼마나 행복했던가?"

우리는 오랫동안 '별빛이 그 길을 훤히 밝혀 주던 시대'를 살아왔다. 그러다 보니 하늘의 별이 잘 보이지 않는 이 시대에도 많은 사람들이 하늘의 별을 보고 길을 가고 싶어 한다.

사이비 종교가 창궐하는 이유다. 나도 오랫동안 하늘의 희미한 별빛을 따라 길을 갔다.

나를 스스로 '빈농의 장남'으로 규정하고, 나의 소명을 다하기 위해 전심전력을 다했다.

30대 중반에 문득 길이 끊어졌다. 별빛이 사라진 것이다. 앞에는 천 길 낭떠러지가 있는 듯했다.

나는 나를 짓누르던 어깨의 짐들을 다 던져 버렸다. 홀가분해진 몸은 날듯이 가벼워졌다.

나도 모르게 허공으로 솟아 올라가는 나의 몸은 원하는 곳이면 어디나 갈 수 있었다.

우리는 살아가면서 항상 느낀다. '나는 내가 무겁다.' 그 이유는 등에 너무나 무거운 짐을 지고 있기 때문이다.

등에 무거운 짐을 지는 것을 자랑스럽게 생각하는 한, 우리는 자신의 무게에서 벗어날 수가 없다.

과거 봉건 사회에서 인간은 태어나면서 '의무'를 부여받았다. 왕족은 왕족의 길을 가야 했고, 귀족은 귀족의 길을 가야 했고, 노예는 노예의 길을 가야 했다.

이 오랜 습관이 우리에게 남아, 민주주의 사회가 된 지금에서도 스스로 자신에게 의무를 부여하려고 한다.

우리는 확실히 알아야 한다. 인간은 자유(自由)다! 자신이 가야 할 길이 자신(自)에게서 나와야(由) 한다.

스스로 삶의 길을 만들어 가야 한다. 인간은 자신을 창조할 때 가장 기쁘다. 창조하기를 싫어하는 사람은 오랫동안 의무에 짓눌려 살아온 습(習) 때문이다.

우리는 '우리 안에서 솟아 나오는 것'으로 살아가야 한다. 우리 안에는 천지자연을 운행하게 하는 근원적인 에너지가 있다.

이 에너지가 흐르는 곳으로 가야 한다. 밖에서 길을 찾지 말아야 한다. 겨울이 지나고 봄이 오는 힘, 해가 지고 밤이 오는 힘…. 이 힘이 우리를 살아가게 해야 한다.

그럴 때 우리는 아이처럼 즐거워진다. 니체가 말하는 '저절로 굴러가는 바퀴'가 된다.

중국 근대 문학의 아버지로 칭송을 받는 루쉰은 말했다. "원래 지상에는 길이 없다. 걷는 사람이 많아지면 그것이 길이 된다."

미국의 신화학자 조지프 캠벨은 "눈앞에 길이 훤히 보인다면 그것은 너의 길이 아니다."라고 했다.

우리는 의무로 살아가는 낙타에서 등의 짐을 다 벗어 던지고 세상을 향해 포효하는 사자가 되어야 한다.

니체는 사자는 다시 아이가 되어야 한다고 말했다. 아이는 항상 '눈부신 현재'를 살아가기 때문이다.

아이에게는 과거와 미래가 주는 중압감이 없다. 오로지 찬란하게 빛나는 현재가 있을 따름이다. 그래서 아이는 마냥 즐겁다.

무엇을 해야 할지 더 이상 알 수 없을 때
그때 비로소 진정한 무엇인가를 할 수 있다.
어느 길로 가야 할지 더 이상 알 수 없을 때
그때가 비로소 진정한 여행의 시작이다.

- 나짐 히크메트, 〈진정한 여행〉 부분

산에서 바라보는 나무와 풀들, 작은 동물들. 다들 자신들의 길을 찾아가고 있다. 기존의 길들이 망가졌다고 당황하지 않는다.

우리도 야생의 힘으로 살아가야 한다.

야생의 힘은 캄캄한 우리 마음속에서 별빛처럼 빛날 것이다. 그때 우리는 진정한 여행을 시작할 수 있다.

타자 없는 자아는 없다

> 타자를 소유하고 이해하고 안다면, 그는 타자가 아니다.
>
> - 임마누엘 레비나스(Emmamuel Levinas, 1906-1995, 프랑스의 철학자)

중국의 동화 작가 위리가 지은 그림책 《네가 있어 너무 좋아》는 화가와 아기 구름의 따뜻한 사랑 이야기를 다루고 있다.

구름이 몰려들더니 '쏴-' 하고 비가 세차게 퍼붓기 시작했다. 천천히 걸어가는 수염이 덥수룩한 아저씨를 본 아기 구름은 생각했다.

'짐이 너무 무거워 빨리 걸을 수 없나 봐. 내가 가서 도와줘야지.'

아기 구름은 사뿐히 아저씨 머리 위로 날아가 우산이 되어 주었다. 갑자기 비가 내리지 않자 아저씨는 무슨 일인가 하고 고개를 들어 보았다.

"고맙구나! 아기 구름아!"

아저씨는 아기 구름을 향해 미소를 지었다. 아기 구름은 아저씨를 집까지 데려다주었다.

방 가운데에는 커다란 이젤이 세워져 있고, 탁자와 바닥에는 여러 가지 물감들이 쌓여 있었다.

"야! 그림 그리는 아저씨네!"

이후 아저씨와 아기 구름은 친구가 되었다. 아기 구름은 그림 속으로 들어가 구름 한 조각으로 떠 있기도 하고, 아저씨 턱에 붙어 허연 수염이 되기도 했다.

아저씨가 쉬는 시간이면 아기 구름은 하얀 고양이가 되어 아저씨와 함께 즐거운 시간을 보내기도 했다.

아저씨가 밖에 나갈 때는 하얀 강아지가 되어 아저씨 뒤를 졸졸 따라다녔다. 누구나 이러한 '아름다운 만남'에 대한 추억이 있을 것이다.

그런데 왜 우리는 인간관계를 힘들어할까? 우리가 어른이 되어 가며 우리의 의식 구조가 수직적인 인간관계에 익숙해진 탓일 것이다.

그림책 속의 화가는 아이의 마음을 지니고 있어, 아기 구름과도 쉽게 친구가 될 수 있었다.

삼라만상을 잘 살펴보면, 모두 대등한 만남으로 이루어져 있다. 수소가 산소를 대등하게 만나지 못하면, 그들은 물이 될 수 없다.

아이들이 행복한 것은, 그들은 누구와도 대등하게 만나기 때문이다. 대등하게 만나 무한한 창조가 일어나기 때문이다.

어른들은 언어를 배워 가며 세상을 두 개로 나눠서 보게 된다. 선과 악, 좋은 것과 나쁜 것, 큰 것과 작은 것…….

그래서 어른들의 만남은 항상 수직적인 관계가 된다. 아무런 창조가 일어나지 않는다.

동물은 본능에 의해 살아가지만, 인간은 생각으로 살아간다. 생각이 이분법이니, 세상은 늘 두 개로 나눠진다.

누구하고도 친구가 되기 힘들다. 어른들은 하소연한다. 부부 관계, 부모와 자식 관계, 상사와 부하 직원과의 관계, 동료와의 관계……. 이 모든 관계들이 너무나 힘들다고.

우리는 개성이 뚜렷한 인간, 개인(個人)이 되어야 한다. 혼자 우뚝 설 수 있어야 다른 사람과도 대등하게 만날 수 있다.

홀로서기가 안 되는 사람은 남에게 의존하려 한다. 무조건 복종하거나 지배하는 게 편한 것이다.

이러한 사람은 타자(남)가 없다. 레비나스는 말했다. "타자를 소유하고 이해하고 안다면, 그는 타자가 아니다."

 모든 사람은 우리가 전혀 알 수 없는 신비로운 존재다. 그들의 마음 속에는 신성(神性)이 있기 때문이다.

 우리는 전혀 알 수 없는 다른 사람을 만나 '나'가 된다. 다른 이성을 만나 부부가 되고, 자녀를 만나 부모가 된다.

 나라는 존재는 혼자서는 아무것도 아니다. 다른 사람을 만나 계속 새로운 존재로 재탄생해야 하는 존재다.

내가 그의 이름을 불러 주기 전에는
그는 다만
하나의 몸짓에 지나지 않았다.

내가 그의 이름을 불러 주었을 때
그는 나에게로 와서
꽃이 되었다.

- 김춘수, 〈꽃〉 부분

우리는 모두 '하나의 몸짓'에 지나지 않는다. 서로 이름을 불러 주며 꽃으로 피어난다.

천지자연도 서로의 이름을 불러 주며 창조되었다.

그래서 불교에서는 이 세상의 실상을 화엄(華嚴, 꽃으로 장엄한 세상)이라고 했다.

자신을 사랑한다는 것

> 우리는 현실을 만들어 가는 존재이며,
> 그 현실을 만들어 가는 능력이라는 것이 우리의 자유다.
>
> - 질 들뢰즈(Gilles Deleuze, 1925-1995, 프랑스의 철학자)

우리는 "자신을 사랑하라."라는 말을 많이 듣는다. 자신을 사랑할 수 있어야 남들을 사랑할 수 있다는 것이다.

맞는 말이다. 자신조차 사랑하지 못하는 사람은 남에게 사랑을 줄 수 없다. 그의 허약한 마음은 남에게 폭력으로 나타나기 때문이다.

문제는 '자신은 누구인가?'이다. 어제 공부 모임에서 한 논술 강사가 아이들에게 수업한 얘기를 했다.

아이들에게 물어보았단다. "너희들은 네 자신을 사랑하니?" 그러자 다들 "네." 하고 대답하더란다.

그녀는 다시 물어보았단다. "그럼 너희들은 사랑하는 자신들을 위해 오늘 무엇을 해 주었니?"

그러자 아이들은 서로의 얼굴을 멀뚱히 쳐다보며 웃더란다. "유튜브 마음껏 봐 주는 일을 했니? 아니면 게임을 몽땅 해 주었니?"

그녀의 말에 아이들은 다시 까르르까르르 웃기 시작했단다. 아이들은 스스로에게 질문을 했을 것이다. '정말 나 자신을 사랑한 건가?'

아이들이 유튜브를 하고 게임을 하는 것도 자신을 사랑해서다. 하지만 아이들은 무의식중에 알고 있다.

그런 것들은 진정으로 자신을 사랑하는 것이 아니라는 것을. 그럼 진정으로 자신을 사랑하는 것은 뭘까?

여기서 우리는 '자신이 누구인지'를 명확히 알아야 한다. 인간에게는 두 개의 나가 있다.

자아(自我, Ego)와 자기(自己, Self)다. 아이들이 유튜브를 하고 게임을 한 것은 자아에 대한 사랑이다.

그래서 그러한 자신에 대한 사랑은 그 당시에는 강렬하지만, 오래 지속되지 않았던 것이다.

진정한 자신에 대한 사랑은 '자기애(自己愛)'다. 자기, 영혼은 우리가 감동을 받을 때 드러난다.

'아름다움'을 만났을 때 우리는 전율한다. 이 전율하는 나가 자기다. 이때 우리는 위대해진다.

마음이 충만해져 남을 사랑하고 세상을 사랑할 수 있게 된다. 은은한 행복이 그를 감싸게 된다.

따라서 인간은 계속 더 나은 자신을 창조해야 한다. 프랑스의 현대 철학자 들뢰즈는 말했다. "우리는 현실을 만들어 가는 존재이며, 그 현실을 만들어 가는 능력이라는 것이 우리의 자유다."

인간은 언제나 더 나은 삶을 꿈꾼다. 그 결과 찬란한 문명을 이룩할 수 있었다. 정체되어 있는 자신은 진정한 자신이 아니다.

인간은 항상 현실을 극복해 가야 한다. 계속 더 나은 자신을 발명해 가는 것, 이것이 '인간의 삶'이다.

현대인들이 온갖 정신 질환에 시달리는 것은 현실에 안주하기 때문이다. 눈부신 물질문명이 주는 안락감에 자신을 맡기기 때문이다.

모든 생명체는 자신을 진화시켜 왔다. 동물은 자신을 진화시키는 기간이 길다. 오랜 세월이 흘러야 더 나은 모습으로 진화한다.

생각하는 동물인 인간은 생각의 힘에 의해 지금 당장 더 나은 자신으로 진화할 수 있다. 이것이 진정한 자신에 대한 사랑이다.

>너의 자유로운 혼이 가고 싶은 대로
>너의 자유로운 길을 가라.
>너의 소중한 생각의 열매들을 실현하라.
>그리고 너의 고귀한 행동에 대한 아무런
>보상도 요구하지 말아라.
>보상은 바로 제 자신에게 있는 것이다.
>
>- 알렉산드르 푸시킨, 〈시〉 부분

우리가 진정한 자신, 자유로운 영혼이 가고 싶은 대로 가면, 우리는 언제나 충만한 행복 속에 있게 된다.

하지만 우리 대다수는 자아가 가고 싶은 대로 간다. 그래서 우리는 늘 목이 마르다. '오아시스'를 찾아 헤매게 된다.

주인의 삶

> 자기 자신의 주인이 되면 인생의 모든 법칙이 변할 것이다.
> 고독해도 더 이상 외롭지 않고, 빈곤해도 더 이상 가난하지 않으며,
> 연약해도 더 이상 약하지 않을 것이다.
>
> - 헨리 데이비드 소로(Henry David Thoreau, 1817-1862, 미국의 시인)

한 선사가 대중들에게 화두를 주었다.

"똥 눌 때 정신을 차려라, 좋은 일이 있을 것이다."

아이들은 똥 눌 때 온 정신을 집중한다. 그래서 그들에게는 늘 좋은 일이나는가 보다.

어른들은 똥 눌 때, 정신을 집중하지 못한다. 얼른 똥을 누고 다음에 해야 할 일이 있기 때문이다.

가끔 어른들도 화장실에 들어가 아이가 될 때가 있다. 혼자 똥을 누며 아이처럼 마냥 즐거워할 때가 있다.

하지만 이내, 제정신으로 돌아온다. 똥은 더러운 거니까. 더러운 행

위를 했으니 빨리 이곳을 벗어나야 하니까.

똥 눌 때 정신을 차리게 되면, 똥이 더 이상 더럽지 않게 된다. 온몸이 배설의 기쁨으로 충만해지기 때문이다.

오로지 '쾌'만 남기 때문이다. 생명체는 원초적으로 쾌를 좋아하고 불쾌를 싫어한다.

방금 태어난 송아지는 풀밭으로 가서 풀을 뜯어 먹는다. 용케도 독초를 피해 간다. 독초 가까이 가면 불쾌감이 느껴지기 때문일 것이다.

사람도 이렇게 살아가야 한다. 쾌는 좋아하고 불쾌는 싫어하기! 하지만 대다수 사람들은 이렇게 살지 않는다.

쾌와 불쾌의 자리에 선과 악이 들어서 있기 때문이다. 똥은 더러워! 해로운 균들이 득시글거려!

이렇게 한 번 낙인이 찍히면, 그걸로 끝장이다. 똥은 악이 된다. 가까이하지 말아야 할 절대 악이 되어 버린다.

선과 악의 이분법으로 세상을 바라보면, 세상은 그렇게 보인다. 사람은 '마음의 안경'을 쓰고 세상을 보기 때문이다.

현대 철학의 아버지 니체는 쾌와 불쾌로 살아가는 사람을 주인이라고 하고, 선과 악으로 살아가는 사람을 노예라고 했다.

주인은 아침에 눈을 뜨면 생각한다. '오늘 하루 무엇을 하며 즐겁게 보낼까?' 그는 쾌를 찾아간다.

노예는 아침에 눈을 뜨면 생각한다. '오늘 하루도 주인을 잘 모셔야지!' 그는 선을 찾아간다.

똥 눌 때마다 정신을 차리게 되면, 자신도 모르게 쾌를 찾아가는 사람이 될 것이다.

노예의 도덕에 길들여진 사람들은 묻는다. "사람들이 다 자신들이 좋아하는 것만 하고 살아가면 이 세상은 어떻게 됩니까?"

주인으로 살아 보지 못한 사람은, 주인의 명령이 없으면 안절부절 못한다. 자신도 모르게 짐승이 된다.

갑자기 전기가 나간 도시가 무법천지가 된다. 흔히 이런 세상을 정글에 비유하는데, 정글에는 얼마나 아름다운 질서가 있는가?

거기에는 약육강식(弱肉强食)이 아니라 서로의 살(肉)을 나누며 살아가는 숭고한 생명체들이 있다.

주인으로 살아가는 사람은 자신의 삶의 법칙을 스스로 정하며 살아가기에, 어떤 상황에서도 짐승으로 퇴화하지 않는다.

사람은 짐승에서 진화하면서 다른 존재들과 공감하는 힘이 생겨났다. 삶의 주인들이 모여 살아가는 세상에는 깊은 평화와 사랑이 깃들게 된다.

바람은 나의 얼굴을 스쳐 가리라.
아, 말도 하지 않고 생각도 하지 않으리
그래도 한없는 사랑은 영혼에서 솟아나리니
나는 이제 떠나리라. 방랑객처럼
연인을 데리고 가듯 행복에 겨워, 자연 속으로.

- 아르튀르 랭보, 〈감각〉 부분

시인은 바람 따라 아프리카 초원까지 걸어갔다고 한다.

그는 '감각'이 다 열리는 체험을 한다.

바람이 얼굴을 스쳐 가며 말과 생각이 사라지고, 한없는 사랑이 영혼에서 솟아 나온다.

그의 안에서 연인(아니마, 내면의 여인)이 깨어나 함께 행복에 겨워, 자연 속으로 들어간다.

삶은 기적이다

2

삶은 기적이다

> 인생을 살아가는 데는 오직 두 가지 방법밖에 없다.
> 하나는 아무것도 기적이 아닌 것처럼,
> 다른 하나는 모든 것이 기적인 것처럼 살아가는 것이다.
>
> - 알베르트 아인슈타인(Albert Einstein, 1879-1955, 미국의 물리학자)

상대성 원리를 발견한 아인슈타인은 20세기를 대표하는 천재 과학자로 칭송을 받고 있다.

상대성 원리는 시간이 상대적이라는 것이다. 우리가 상식적으로 알고 있는 시간은 절대적이다.

우리는 이렇게 생각할 수 있다. '내가 지금 여기에서 경험하는 1시간은 우주 어디에서나 1시간이다.'

하지만 이것은 착각이다. 영화 〈인터스텔라〉에서, 우주여행을 하고 집으로 돌아온 아버지는 자신보다 더 늙은 딸을 만나게 된다.

시간은 상대적인 것이다. 우리가 어디에 있느냐에 따라 시간은 다르게 흐르는 것이다.

이런 시간관을 가지고 이 세상을 바라보면, 어떤 일이 일어날까? 우리는 매 순간 기적을 만나게 된다.

눈 깜짝할 사이가 어느 별에서는 수만 년, 수억 겁, 영겁이 될 수도 있을 것이다. 그래서 '찰나가 영원'인 것이다.

우리는 살아가면서 시간이 하늘로 분수처럼 솟구쳐 오르는 경험을 한 적이 있을 것이다. 사랑할 때나, 감동을 받을 때다.

그때, 우리는 영원을 만났었다. 과학적 사실이었다. 시간은 과거에서 현재로 미래로 흐르지 않는다.

항상 지금 이 순간은 씨앗이 터지고 꽃봉오리가 터지는 순간이다. 천지창조의 순간이다.

매 순간 우리의 삶은 기적이다. 시간이 직선으로 흐른다는 착각 때문에 우리의 삶은 우중충하다.

바람이 분다… 살아야겠다
세찬 바람은 내 책을 펼치고 또 덮는다
파도는 부서져 바위에서 솟아오른다

- 폴 발레리, 〈해변의 묘지〉 부분

바람은 우리의 몸을 흩뜨린다. 세포가 되고, 원소가 되고, 텅 빈 허공이 되어 바람과 함께 불어 간다.

우리의 몸은 언제나 무겁다. 육체에 집착하기 때문이다. 육체가 부서져야 한다. 다 풀어져야 한다.

잉여 인간 유감

> 인간은 놀이를 하는 곳에서만 인간이다.
> - 프리드리히 실러(Friedrich Schiller, 1759-1805, 독일의 극작가)

　미래학자 제레미 리프킨은 "인류 역사는 0.1%의 창의적인 사람과 그를 알아보는 0.9%의 통찰력을 가진 사람이 이끌어 왔으며, 나머지 99%는 잉여 인간이다."라고 했단다.

　졸지에 잉여 인간이 되어 버린 99%, 기분이 어떨까? 이 말을 많은 사람들이 과학의 이름으로 뒷받침하고 있다.

　"미래에는 몇몇 뛰어난 사람들이 나머지 사람들을 먹여 살리는 인공 지능 시대가 온다."

　0.1%의 창의적인 사람들은 어떤 사람들이었을까? 아마 그들 대다수는 자신이 그런 큰 업적을 이루리라고 생각조차 하지 못했을 것이다.

　그들은 신나게 자신들이 하는 일에 열중했을 것이다. '신나게 놀았을 뿐인데, 이런 일이 일어났네!'

그런데 '99.9%에 속하는 사람들'이 그를 인류 역사를 이끌어 가는 선구자로 칭송하면 그들의 기분은 어떨까?

사람은 각자 다양한 재능과 성격을 타고 태어난다. 다 이 세상에 나름대로 쓸모가 있기 때문일 것이다.

모바일 시대를 연 0.1%에 속하는 스티브 잡스가 수십 년 전에 태어났다면, 그가 0.1%에 속했을까?

지금 '99%에 속하는 사람들' 중에 수십 년 전에 태어났다면, 0.1%에 속하게 되었을 사람들이 꽤 많을 것이다.

미래에는 또 어떤 유형의 인간이 0.1%에 속하게 될까? 아무도 예측할 수 없을 것이다.

인간은 '유적 존재(類的存在)'다. '개인이면서 인류의 일원으로 살아가는 존재'다. 이 시대의 기준으로 사람을 잉여 인간으로 만들지 말아야 한다.

지금 0.1%에 속하는 사람이 교통사고가 나 장애인이 되면 그는 99%에 속하는 잉여 인간이 되는 건가?

그럼 우리는 그동안 그렇게도 칭송한 사람을 "너는 이제 이 세상에

쓸모가 없는 잉여 인간이야!" 하고 무시해야 하는 건가?

인간은 동물에서 진화하며 '공감력'이 생겨났다. 사람을 0.1%, 0.9%, 99%로 나누지 말자.

그렇게 나누는 사람들에게 묻고 싶다. "당신은 다른 사람들과 공감하는 능력, 공감 지수가 얼마나 됩니까?"

나는 굳이 인간을 나누려면, 공감력이 있는 사람과 공감력이 없는 사람으로 나눠야 한다고 생각한다.

그래야 공감력이 부족한 사람들이 공감력을 배워 우리 모두 행복하게 잘 살아갈 수 있을 테니까.

인간에게 가장 중요한 건, 이 세상에서 서로 사랑하며 행복하게 사는 것이 아니겠는가?

독일의 대문호 실러는 말했다. "인간은 놀이를 하는 곳에서만 인간이다." 그렇다. 인간은 타고나기를 노는 존재다.

일을 하는 동물은 인간밖에 없다. 이제 인공 지능 시대가 온다고 한다. 많은 사람들이 잉여 인간이 되는 게 아니라 일하지 않아도 되는 시대가 오는 것이다.

우리 모두 놀이를 하자! 공부도 놀이가 되어야 한다. 자신의 능력과 성격에 맞는 공부는 놀이가 된다.

일도 놀이가 되어야 한다. 다들 신나게 놀아야 한다. 신나게 놀다 보면, 어떤 사람들은 0.1%에, 어떤 사람들은 0.9%, 어떤 사람들은 99%에 속하게 될 것이다.

하지만 신나게 노는 인간에게 그런 것들은 전혀 중요하지 않을 것이다. 신나게 놀았으니까! 어디에 속하면 어떠랴?

오늘은 용돈이 든든하다
낡은 신발이나마 닦아 신자
헌 옷이나 다려 입자 털어 입자
산책을 하자
북한산성행 버스를 타 보자
안양행도 타 보자
나는 행복해도
혼자가 더 행복하다
이 세상이 고맙다 예쁘다

- 김종삼, 〈행복〉 부분

'오늘은 용돈이 든든하다'라고 아이처럼 즐거워하는 시인. 이 시인은 어디에 속하는가?

돈을 별로 벌지 못하니 99%에 속하는가?

그의 시를 읽고 많은 사람들의 영혼이 깨어나도, 그는 여전히 99%에 속하는 잉여 인간인가?

그의 시를 읽고 영감을 얻어 0.1%에 속하는 사람들이 생겨나면, 그도 0.1%에 속하게 되는 건가?

그래도 돈을 별로 벌지 못하니 그는 여전히 99%에 속하는 잉여 인간인가?

롤 모델

아무런 본보기 없이 우리 스스로 삶을 구축하기는 쉽지 않은 일이다.

- 조지프 캠벨(Joseph Campbell, 1904-1987, 미국의 신화학자)

불후의 명저 《사기(史記)》를 쓴 중국 한 대의 사마천은 "분노가 터져서 책을 썼다."라고 했다.

흉노족에게 항복한 친구 이릉 장군을 변호하다가 치욕적인 궁형을 당한 사마천의 분노는 하늘까지 닿았을 것이다.

그는 황제들을 비롯한 여러 다양한 인물들의 일생을 기록하기 시작했다. 그는 말했다. "사람은 누구나 한 번 죽는다. 그러나 죽음의 의미는 각각 다르다. 어떤 사람의 죽음은 태산보다 무겁고, 어떤 사람의 죽음은 깃털보다 가볍다."

그는 '깃털보다 가벼운 죽음'이 두려워 《사기》를 썼던 것이다. 그가 사형 대신 궁형을 택한 이유다.

이릉을 변호하다가 죽게 되면, 후세 사람들이 그를 뭐라고 말할 것인가? 아무런 기록도 남기지 않은 그의 삶은 아무것도 아니게 될 것이다.

인간의 생명은 두 개다. 하나는 조에(zôé), 다른 하나는 비오스(bíos)다. 조에는 육체적 생명을 말하고, 비오스는 사회적 생명을 말한다.

인간은 '사회적 동물'이라, 육체적 생명만으로는 온전한 삶을 살 수 없다. 사회에서 존재감이 있어야 하는 것이다.

사마천은 여러 다양한 인물들의 삶을 기록하여 후세 사람들이 자신의 삶을 비춰 보게 했다.

그 후 오랫동안 중국을 위시한 동아시아에서는 '역사의 심판'을 두려워하게 되었다.

후세 사람들은 《사기》에 나오는 인물들 중에서 자신의 본보기를 찾게 되고, 본보기는 계속 그의 삶을 비춰 주는 거울이 되었다.

'나 지금 잘 살아가고 있는 거야?' 조지프 캠벨은 "아무런 본보기 없이 우리 스스로 삶을 구축하기는 쉽지 않은 일"이라고 말했다.

본보기는 요즘 말로 하면, '롤 모델'이 될 것이다. 원시인들은 신화 속의 신들을 통해 자신들의 삶의 방향을 찾아갔다.

그 후 문명 시대에는 철학과 종교가 여러 롤 모델을 보여 주었다. 그럼 지금 이 시대에 우리 모두가 열광하는 롤 모델은 누구일까?

아마 대다수 사람들은 애플사의 창업자 스티브 잡스를 꼽을 것이다. 그는 지금의 모바일 앱 생태계를 만들었다.

그는 말했단다. "소크라테스와 점심 한 끼를 할 수 있다면 애플의 모든 기술을 포기해도 좋다."

그는 서양 철학의 아버지 소크라테스와 함께하는 점심 한 끼는 그만한 가치가 있다고 생각한 것이다.

아마 그는 인류의 스승 소크라테스와 함께 점심을 하며, 엄청난 지혜를 얻을 것이다.

그 지혜는 애플을 능가하는 새로운 기술로 연결될 것이다. 우리는 모바일을 넘어서는 새로운 세계를 맞게 될 것이다.

그는 대학원 강의실 같은 회사를 원했다고 한다. 나는 직장을 다니다 대학에 갔다.

1학년 새내기가 바라본 대학 캠퍼스는 자유 그 자체였다. 잔디밭에 옹기종기 모여 앉은 학생들의 대화하는 소리들이 새소리들보다 아름다웠다.

인공 지능 시대에는 이런 회사들이 생겨날 것이다. 잡다한 일은 인공 지능이 하고, 사람들은 소크라테스처럼 대화만 즐기게 될 것이다.

지금 이 순간에도 아마 많은 젊은이들이 스티브 잡스가 되기 위해 용맹정진하고 있을 것이다.

> 세상의 사나이들은 기둥 하나를
> 세우기 위해 산다
> 좀 더 튼튼하고
> 좀 더 당당하게
> 시대와 밤을 찌를 수 있는 기둥
>
> 그래서 그들은 개고기를 뜯어 먹고
> 해구신을 고아 먹고
> 산삼을 찾아
> 날마다 허둥거리며
> 붉은 눈을 번득인다.
>
> 그런데 꼿꼿한 기둥을 자르고
> 천년을 얻은 사내가 있다.
> 기둥에서 해방되어 비로소
> 사내가 된 사내가 있다.
>
> - 문정희, 〈사랑하는 사마천 당신에게〉 부분

오랜 가부장 사회는 세상의 사나이들로 하여금 일생 동안 '기둥 하나를/ 세우기 위해' 살게 했다.

얼마나 엽기적인가!

시인은 사마천을 '기둥에서 해방되어 비로소/ 사내가 된 사내'로 재탄생시켰다.

나는 신이다

> 우리는 한 번도 축의 시대의 통찰을 넘어선 적이 없다.
>
> - 카렌 암스트롱(Karen Armstrong, 1944-1982, 영국의 종교학자)

넷플릭스의 다큐 시리즈 〈나는 신이다: 신이 배신한 사람들〉을 착잡한 마음으로 보았다.

공부 모임 시간에 회원들이 말했다. "어떻게 그런 허접한 교주한테 그 많은 사람들이 쉽게 농락을 당하죠?"

인간은 태어나면서 완전히 타인(엄마)의 보호 속에서 자라게 된다. 1년 정도는 꼼짝도 못하고 옹알이만 한다.

그런데 엄마는 옹알이로 하는 의사 표현을 다 알아듣는다. 아기가 원하는 것들은 즉각 이루어진다.

아기는 차츰 생각하게 된다. "아, 원하기만 하면 다 이루어지는구나!" 이 전지전능감(全知全能感)이 어른이 되어도 남아 있게 된다.

이런 미숙한 어른들이 사이비 교주가 되고 신도도 된다. 지식을 쌓는다고 정신이 성숙해지는 건 아니다.

지식이 아닌 지혜를 깨달아야 한다. 인간의 타고나는 마음, 본성(本性)에는 인의예지(仁義禮智), 진선미(眞善美)가 있다.

이 본성의 눈으로 자신과 세상을 보게 되면, 인간은 누구나 성인(聖人)처럼 지혜롭게 될 수 있다고 한다.

인류가 이 본성의 위대함을 깨닫게 된 시기는 지금으로부터 약 2,500여 년 전의 축의 시대(Axial Age)다.

축의 시대는 독일의 철학자 카를 야스퍼스가 처음 언급했다. '인류의 정신적 발전의 중심 시대'다.

종교학자 카렌 암스트롱은 말했다. "우리는 한 번도 축의 시대의 통찰을 넘어선 적이 없다."

이때 지구 곳곳에서 등장한 성현(聖賢)들이 "본성의 소리를 들으며 살아가라!"라고 가르쳤다.

그런데 우리가 살아가는 이 시대는 어떠한가? 물질(돈)을 유일신으로 숭배하는 시대다.

이런 시대에는 본성의 소리가 잘 들리지 않는다. 오로지 자신의 자아(自我)의 목소리만 크게 들리게 된다.

그러니 인간이 어떻게 어릴 적 형성된 전지전능감을 극복하고 스스로의 삶을 책임지는 성숙한 어른이 될 수 있겠는가?

인간이 근본적으로 원하는 욕구는 식(食)과 성(性)이다. 식은 개체 보존의 욕구이고, 성은 종족 보존의 욕구다.

따라서 성은 인간의 '영생의 욕구'와 연결이 된다. 식의 욕구가 다 충족된 인간이 원하는 것은 영생의 욕구다.

이 영생의 욕구가 적나라한 성의 모습으로 드러나게 되는 게 사이비 종교들의 특징이다.

정신분석학의 창시자 지그문트 프로이트는 인간의 두 가지 욕구는 에로스(삶의 본능)와 타나토스(죽음의 본능)라고 했다.

죽음은 육체로 태어난 인간이 육체적 삶을 넘어서 다시 천지자연과 하나가 되는 것이다.

이 영원으로의 열망이 타나토스다. 인간은 자신도 모르는 무의식(無意識)에서는 죽음을 갈망하고 있는 것이다.

이 죽음의 갈망이 성으로 나타난다. 성은 자신은 죽고 후손을 남기는 너무나 성스러운 의례 행위다.

이 의례 행위가 쾌락의 수단으로 전락하여 성스러움을 잃어 가고 있는 게 현대 물질문명의 특징이다.

발정기가 없어진 인간은 언제고 성을 쾌락의 수단으로 삼을 수 있게 됐다. 그래서 인간의 성은 승화되어야 한다.

승화된 성이 예술과 문화다. 예술과 문화에 의해 인간의 마음이 고결해질 때, 성도 함께 고결해질 것이다.

오늘 아침 뉴스에도 "남녀 26명 뒤엉킨 강남 클럽 업주 재판행, 참여자는 처벌 못 해"라는 제목이 떠 있다.

인간의 영생의 욕구는 예술과 문화로 고상하게 승화되지 못할 때, 여러 다양한 난잡한 성의 모습으로 우리 앞에 등장할 것이다.

죽어서
썩는
시취(屍臭)로밖에는 너를
사로잡을 수 없어

검은 반점(屍班)이 번져 가는 몸뚱어리

- 김언희, 〈모과〉 부분

우리는 직감적으로 안다.

사랑에는 죽음의 냄새가 짙게 배어 있고, 사랑할수록 우리 몸에는 검은 반점이 번져 간다는 것을.

우리의 성과 사랑이 아름답게 승화하지 못한 결과다.

우리의 성과 사랑은 우리를 질식시키고 있다.

나는 자연인이다

> 자연으로 돌아가라.
>
> - 장 자크 루소(Jean-Jacques Rousseau, 1712-1778, 프랑스의 철학자)

TV 프로 〈나는 자연인이다〉는 여전히 많은 남성들의 사랑을 받고 있다. 세상사에 지친 남성들의 '로망'일 것이다.

신비의 나라 인도에는 세상사도 잘하고 자아초월도 하는 삶의 양식이 있다고 한다.

인간은 육체를 가진 존재라 생로병사를 겪는 육체적 삶을 제대로 살아야 한다. 바로 자아실현이다.

오래전에 TV에서 인도의 한 대기업 회장이 은퇴하고서, 자이나교 교도가 되어 벌거벗은 채 수행하는 것을 본 적이 있다.

그는 대기업 회장이 되었으니, 자아실현은 완성한 것이다. 하지만 그는 허탈했을 것이다.

아무리 남들이 알아줘도 곧 썩어 없어질 몸뚱이가 아니던가! 그래서 그는 다 버리고(옷도 다 벗어던지고), 자아초월의 길을 걸어가게 된 것이다.

인간은 육체를 가진 존재이지만 실은 이 육체는 에너지장이다. 에너지는 우주와 하나다.

우주와 하나가 되는 삶, 인간의 깊은 내면에 있는 영혼은 이러한 삶을 간구하고 있다.

그래서 인간의 욕구는 크게 두 가지다. 자아실현과 자아초월. 이 두 개의 삶을 완성해야 인간은 이 세상을 제대로 살다 가는 것이다.

그럼 〈나는 자연인이다〉에 나오는 사람들은 정말 자연인이 되었거나 자연인을 지향하고 있는 걸까?

우리는 '버려라, 비워라.' 하는 말을 많이 한다. 버리고 비우려면 먼저 갖고 채워야 한다.

갖고 채우지 못한 사람은 버리고 비울 수가 없다. 따라서 진정한 자연인이 되려면, 먼저 세상사에 매진해야 한다.

자신의 잠재력을 한껏 꽃피워야 한다. 세상에서 재물과 명성을 얻고 지위도 차지해야 한다.

그러고서 그 모든 것들을 다 버려야 한다. 다 버렸을 때, 깊은 내면의 영혼이 깨어난다.

영혼은 천지자연의 파동과 하나가 된다. 천지자연과 하나로 어우러진다. 그때 비로소 우리는 자연인(自然人)이 된다.

노자는 도법자연(道法自然)이라고 했다. 천지자연의 이치, 도(道)는 자연(自然)을 본받는다는 것이다.

삼라만상은 스스로 그러하게 존재하게 되는 것이다. 루소가 말한 "자연으로 돌아가라."라는 말은 '스스로 그러하게 살아가라.'라는 것이다.

스스로 그러하게 살아가려면 물질의 집착에서 완전히 벗어나야 한다. 완전히 가져 본 사람만이 완전히 버릴 수 있다.

따라서 우리는 이 세상의 삶을 최선을 다해서 살아야 한다. 자신을 활짝 꽃피워야 한다.

그리고는 활짝 꽃피운 자신을 꽃들이 땅에 툭툭 떨어지듯, 자신을 이 세상 밖으로 내던져야 한다.

〈나는 자연인이다〉처럼 살고 싶어 하는 남자들을 만날 때마다, 안

타깝다. 자신의 잠재력을 활짝 꽃피우며 살아가지 못하는 사람들의 한탄으로 들리기 때문이다.

어찌하여 푸른 산에 사냐 묻길래
웃고 대답 아니해도 마음 절로 한가롭네.

- 이백, 〈산중문답(山中問答)〉 부분

푸른 산에 살면서 "마음 절로 한가롭네." 하고 노래할 수 있는 사람이 얼마나 될까?

시인은 난세를 살아가면서, 권력의 핵심들 속에서 얼마나 절망했을까? 그는 절망의 끝에서 푸른 산으로 들어갔을 것이다.

사랑의 기술

3

사랑의 기술

만일 내가 어떤 사람에게 '나는 당신을 사랑한다'라고 말할 수 있다면 '나는 당신을 통해 모든 사람을 사랑하고 당신을 통해 세계를 사랑하고 당신을 통해 나 자신도 사랑한다'라고 말할 수 있어야 한다.

- 에리히 프롬(Erich Fromm, 1900-1980, 미국의 사회심리학자)

프랑스의 소설가 오노레 드 발자크의 소설 《고리오 영감》의 주인공 고리오 영감은 자신의 딸들에 대한 무조건적인 사랑이 뭐가 문제냐고 항변한다. "나는 딸들이 기뻐하기 때문에 살지요. 사랑하는 방법은 사람에 따라 각자 다른 법이요. 내 방법은 아무에게도 폐를 끼치지 않소. 그런데 왜 세상 사람들은 나에 대해 말이 많은지 모르겠소. 나는 내 방법에 만족하고 있소."

고리오 영감은 사업에 성공하여 신흥 부르주아가 된 사람이다. 오로지 돈만 쫓은 사람이 자식을 사랑할 수 있을까?

에리히 프롬은 그의 저서 《사랑의 기술》에서 다음과 같이 말했다. "한 사람을 사랑한다고 말하려면, 그 한 사람을 통해 모든 사람을 사랑하고, 세계를 사랑하고, 자기 자신도 사랑한다고 말할 수 있어야 한다."

한 사람에 대한 사랑이 한 사람에 한정되는 건, 진정한 사랑이 아니라는 것이다. 그것은 '이기심'의 발로라는 것이다.

진정한 사랑은 우리의 깊은 무의식에 있는 본성(本性)에서 나온다. 자아의 의식에서 나오는 것은 사랑이 아니라 이기심의 또 다른 모습일 뿐이다.

고리오 영감처럼 자신의 이익만 쫓으며 살다 보면 본성은 깊숙이 숨겨진다. 모든 것을 자아의 의식으로 보게 된다.

우리가 다른 사람을 사랑하려면, '사랑의 기술'을 익혀야 한다. 기술은 몸에 배게 하는 것이다.

평소에 자아의 이익이 아니라 본성의 소리를 들으며 살아가면, 본성이 싹을 틔우고 자라게 된다.

본성은 모든 사람의 본성과 하나다. 모든 사람의 마음이 하나로 어우러진다. 다른 사람을 진정으로 사랑할 수 있게 된다.

고리오 영감이 말하듯, '사랑하는 방법은 사람에 따라 각자 다른 법'이지만, 사랑의 기술이 없으면 사랑은 불가능하다.

오늘 공부 모임에서 한 회원이 대학 입시 준비를 하는 아들을 위해 직장을 휴직했다고 했다. 그녀의 얘기를 들으며 가슴이 답답했다.

누구나 자식을 사랑하고 싶어 한다. 문제는 사랑의 기술을 익혔느냐다. 본인에게 사랑의 기술이 있는지를 알려면 자신의 마음을 들여다보는 연습을 해야 한다.

자신의 마음을 고요히 들여다보고 있으면, 자신 안의 본성이 깨어난다. 본성의 소리가 들리기 시작한다.

본성의 소리가 자신의 진짜 마음이다. 자신이 아는 의식에서 나오는 마음은 세상이 심어 준 마음, 자신의 진짜 속마음을 속이는 마음들이다.

그래서 무심하게 자신의 마음을 들여다보지 않으면, 자신의 진정한 마음을 알 수가 없다.

자신의 마음을 들여다보면, 자신 안의 본성이 깨어나 우리는 사랑과 지혜의 마음을 지닌 사람이 된다.

자신이 어떤 사람인지 아는 또 다른 방법은 다른 사람에게 자신을 비춰 보는 것이다.

다른 사람들은 자신을 정확하게 보여 준다. 고리오 영감처럼 남들의 소리를 무시하면 꼰대가 되고 만다.

　오래전에 공부 모임의 한 회원이 청소를 하다가 자녀의 일기를 훔쳐본 얘기를 한 적이 있다.

　그녀는 상상도 하지 못했단다. 마냥 착하다고 믿었던 딸이 자신을 그렇게도 미워하고 증오하는지를.

　우리의 몸은 우리의 마음 그 자체다. 몸을 떠난 마음은 없다. 우리가 다른 사람을 진정으로 사랑하려면, 몸으로 사랑의 기술을 익혀 가야 한다.

　모든 재산을 딸들에게 내주었지만 딸들의 무관심 속에 혼자 쓸쓸하게 살아가는 고리오 영감은 말한다. "나는 하찮은 인간이오. 내가 벌을 받는 것은 당연하오."

　　　　내가 알지 못했던 모든 여자를 위하여 나는 너를 사랑한다
　　　　내가 살아 보지 못한 모든 시간을 위하여 나는 너를 사랑한다
　　　　　　큰 바다와 따뜻한 빵의 향기를 위하여
　　　　　첫 번째 꽃들을 위하여 녹는 눈을 위하여
　　　　　　인간을 무서워하지 않는 동물을 위하여
　　　　　　사랑하기 위하여 나는 너를 사랑한다

내가 사랑하지 않는 모든 여자를 위하여 나는 너를 사랑한다

- 폴 엘뤼아르, 〈나는 너를 사랑한다〉 부분

우리는 언젠가 '너를 사랑한다'라고 느꼈을 때, '너'를 통해 이 세상 전체를 사랑한 적이 있을 것이다.

이 사랑이 모든 생명체를 살아가게 하고, 천지자연을 운행하게 하는 근원의 힘일 것이다.

고속도로 가족

> 돈은 바닥이 없는 바다와도 같은 것이다.
> 양심도 명예도 거기에 빠져서 결코 떠오르지 않는다.
>
> - 벤자민 프랭클린(Benjamin Franklin, 1706-1790, 미국의 정치가)

"지갑을 잃어버려서 그러는데, 2만 원만 빌려주시겠어요?" 고속도로 휴게소 근처 잔디밭에 텐트를 치고 살아가는 고속도로 가족.

아빠 장기우, 엄마 안지숙, 큰딸, 작은아들. 이들은 휴게소 방문객들에게 돈을 구걸하여 캠핑 온 가족처럼 살아간다.

이들은 텐트 안에서 함께 춤을 추며 즐거운 한때를 보내기도 한다. 하지만 이들은 이내 쫓겨나게 된다.

다시 가방 몇 개를 들고 기약 없이 길을 떠나는 가족, 이들은 다시 어느 작은 고속도로 휴게소에 보금자리를 마련한다.

하지만 이들에게 비극이 시작된다. 돈을 주었던 한 아주머니를 다시 만나게 된 것이다.

그 아주머니의 고소로 경찰이 오고 가족들은 도망치다 붙잡혀 경찰서로 가게 된다.

사기죄로 유치장에 갇히게 된 아빠, 고소한 아주머니는 나머지 가족들을 두고 볼 수 없어 자신의 사업장인 중고 가구점으로 데리고 간다.

엄마와 누나, 남동생은 서서히 안정을 찾아가게 된다. 하지만 가족들이 그리워 견딜 수 없었던 아빠가 유치장을 탈출하게 되면서 이 가족은 파탄에 이르게 된다.

엄마는 보육원 출신이었다. 아르바이트를 하다 대학생인 남편을 만나게 되고 결혼까지 하게 되었다.

이들은 오순도순 평범하게 잘 살아갈 수도 있었다. 하지만 그들의 작은 집이 사기를 당하면서 날아가게 되었다.

우리는 한순간에 이렇게 될 수가 있다. 돈을 숭배하는 사람들은 돈을 위해서는 하지 못할 일이 없기 때문이다.

벤자민 프랭클린은 말했다. "돈은 바닥이 없는 바다와도 같은 것이다. 양심도 명예도 거기에 빠져서 결코 떠오르지 않는다."

노자는 일찍이 경고했다. "어진 사람을 떠받들지 않으면 백성들이

다투지 않는다."(불상현 사민부쟁, 不尙賢 使民不爭)

노자는 어진 사람조차도 떠받들지 않아야 한다고 생각했다. 어진 사람을 떠받드는 사회에서는 어진 척하는 사람들이 생겨나고, 어진 사람도 위선자가 될 수 있기 때문이다.

노자는 모든 인간, 삼라만상을 존귀하게 보았다. 어느 게 더 존귀하게 되면, 다들 그 존귀한 것을 쫓아가게 되어 이 세상은 아비규환의 생지옥이 된다.

현대 사회는 무엇을 존귀하게 보는가? 바로 돈이다. 돈이 유일신이 된 세상. 서로 싸우게 되고 결국에는 서로 사기를 치게 된다.

사기를 당해 노숙자로 전락한 한 가족이 이제는 다른 사람들에게 사기를 쳐 살아갈 수밖에 없게 되는 것이다.

자식을 잃은 아픔을 안고 살아가는 한 아주머니의 도움으로 아빠를 제외한 가족들이 안정을 찾아가지만, 외톨이가 된 남편이 가만히 있겠는가?

"오빠만 빠져나가면 나머지 우리 가족은 잘 살아갈 수 있어!" 자식들이라도 살리려 남편을 버린 엄마.

가족에서 내팽개쳐진 남편은 서서히 망가져 간다. 어느 날 '불깡통'을 돌리며 나타난 폐인 아빠.

아빠는 자신을 제압하려는 사람들과 몸싸움을 하다 중고 가구점에 불을 내게 된다.

불을 끄다 치마에 불이 붙은 엄마, 그 위로 떨어지는 불이 붙은 가구들. 아빠가 달려가 엄마를 안고 쓰러진다.

소방차가 와 불을 끄고 난 자리에서 발견된 엄마를 감싸고 죽은 아빠, 엄마는 살아나 아기를 낳는다.

아빠는 가족들에게 가장 아름다운 유산을 남겼다. 이 유산의 힘으로 나머지 가족들은 앞으로 잘 살아갈 수 있을 것이다.

문을암만잡아다녀도안열리는것은안에생활이모자라는까닭이다.
밤이사나운꾸지람으로나를졸른다.
나는우리집내문패앞에서여간성가신게아니다.
나는방속에들어서서제웅처럼자꾸만멸해간다.

- 이상, 〈가정(家庭)〉 부분

가정의 생활을 책임지는 가장인 시인은 집에 생활이 모자라면 집에 당당하게 들어갈 수가 없다.

  그는 '사나운 꾸지람'으로 '제웅처럼 자꾸만 멸해' 간다. 그는 우리 사회 아버지의 대표로서 가장의 애가(哀歌)를 부르고 있다.

잃어버린 마을을 찾아서

이웃 나라가 서로 바라보이고 닭 울고 개 짖는 소리가 들려도 백성들은 늙어 죽을 때까지 왕래하지 않는다.

- 노자(老子, B.C.500?-B.C.400?, 고대 중국의 철학자)

오래전에 인터넷 신문에서 읽은 글이다. 법정에서 한 고소인이 증거를 대라고 다그치는 판사의 말에 혼자 중얼거렸단다.

"증거는 무슨 증거 세상 사람들이 다 아는데······."

그 고소인의 눈에는 근대 형법의 기본 원칙인 '증거주의'가 참으로 어처구니없게 보였을 것이다.

'왜 자꾸만 증거를 대라는 거야? 아니 그럼, 증거가 없으면 있는 죄도 없게 되는 거야?'

오랫동안 시골의 공동체 마을에서 살아온 그의 눈에는, 근대 도시 문명의 한계가 뚜렷하게 보였을 것이다.

근대의 도시에서는 모든 사람이 가문, 공동체 사회를 벗어나 '개인'

이 된다. 개인이 자신의 삶을 책임지고 살아가게 된다.

그런데 이 개인주의가 황금만능 사회와 맞물리게 되면, 각자도생(各自圖生)의 사회가 된다.

전체 사회의 정의를 위한 법이 강자의 이익이 되고 만다. 유전무죄, 무전유죄가 되는 것이다.

최근에 자전거를 타고 초등학교 정문 앞을 지나다 많은 사람들이 몰려 있는 것을 보았다.

'무슨 일이지?' 하고 바라보다 화들짝 놀랐다. '아, 아이를 마중 나온 학부모님들이었구나.'

아이가 나올 때마다, 아이의 부모님이 활짝 웃으며 맞이하고 아이는 달려와 안겼다.

진풍경이었다. '어쩌다 이렇게 되었는가?' 아이들은 함께 어울리며 세상 살아가는 법을 배워야 하는 게 아닌가?

얼마 전에 강남의 ㅈ 아파트에 갔다가 단지 내에 유치원과 초등학교가 있는 것을 보았다.

집이 가까이 있으니 아이들은 각자 집으로 돌아가고 있는 듯했다. 이러한 아파트들이 인기가 있다고 한다.

앞으로 신도시를 건설할 때, 수천 명이 모여 사는 작은 도시를 만들었으면 좋겠다.

서로 아는 사람들끼리 오순도순 살아가는 작은 공동체 사회. 아이가 등하교 할 때 모든 사람들이 지켜본다면 아이는 안전할 것이다.

그리고 이런 작은 도시의 법정에서는 배심원 위주로 재판이 이루어졌으면 좋겠다. 서로를 훤히 아니까 전체적으로 한 인간을 평가할 수 있을 것이다.

어제 공부 모임에서 심리 상담사로 활동하는 한 회원이 말했다. "요즘은 정서적으로 메마른 아이들이 너무 많아요."

사람은 타고나기를 '사회적 동물'이라, 각자도생의 삶에는 온갖 정신 질환이 따라오게 되어 있다.

'한 아이를 키우기 위해서는 온 마을이 필요하다.'라고 한다. 나는 우리 아이들을 시골의 마을에서 자라게 했다.

내가 우리 아이들에게 가장 잘한 점이라고 생각한다. 아이들은 마을 아이들과 신나게 놀면서 무럭무럭 자라났다.

노자는 일찍이 말했다. "이웃 나라가 서로 바라보이고 닭 울고 개 짖는 소리가 들려도 백성들은 늙어 죽을 때까지 왕래하지 않는다."

월요일 오전에는 ㅁ 마을 공동체에서 공부 모임이 있다. 쉼 없이 들락거리는 사람들을 보며 새로운 세상의 시원(始原)이라는 생각이 든다.

세계가 하나가 되는 현대 문명은 위험하다. 최근의 전염병의 유행들은 위기의 시작에 불과할 것이다.

> 어느 날, 세상 요리를 모두 맛본 301호의 외로움은 인육에까지 미친다.
> 그래서 바싹 마른 302호를 잡아 스플레를 해 먹는다.
> 물론 외로움에 지친 302호는 쾌히 301호의 재료가 된다.
> 그래서 두 사람의 외로움이 모두 끝난 것일까? 아직도 301호는 외롭다.
> 그러므로 301호의 피와 살이 된 302호도 여전히 외롭다.
>
> - 장정일, 〈요리사와 단식가〉 부분

세상 사람들은 요리사와 단식가가 되었다. 사랑을 끝없이 먹거나,

아예 먹기를 거부하거나.

 그 둘은 외로움을 견딜 수 없어 결국에는 하나가 된다. 서로 먹고 먹히면서.

 언젠가는 이 세상에 마지막으로 한 사람이 남을 것이다. 그는 자신의 몸을 뜯어 먹다가 쓰러져 이 세상과 하나가 될 것이다.

잃어버린 도덕을 찾아서

> 생각을 거듭할수록 감탄과 경외로 나의 마음을 가득 채우는 두 가지가 있다. 하나는 나의 머리 위에 '별이 총총히 빛나는 하늘'이며, 다른 하나는 '내 안의 도덕 법칙'이다.
>
> - 임마누엘 칸트(Immanuel Kant, 1724-1804, 독일의 철학자)

공원을 산책하다 보면, 눈살을 찌푸리게 하는 일들이 계속 나타난다. 가장 흔한 것은 소음이다.

몇 년 전까지만 해도 몇몇 개념 없는 사람들이나 라디오를 크게 켜고 다녔는데, 이제는 누구나 스마트폰을 갖고 다니게 되면서 흔한 일이 되어 버렸다.

여기서 뽕짝이 들리고 저기서 아이돌의 노래가 들려온다. 어떤 사람은 뉴스를 열심히 듣고 있다.

어쩌다 이렇게 되었을까? 남들이 싫어한다는 생각은 하지 않는가? 아마 설령 그런 생각이 났더라도 '남들도 하니까!' 무심코 하게 될 것이다.

'무법 지대 만들기 프로젝트'가 진행되고 있는 것 같다. 한숨을 내쉬며 '좀 쉬어 가자.' 하고 벤치를 보면, 벤치 위에 개 발자국들이 국화꽃처럼 찍혀 있다.

저쪽 벤치에서는 한 젊은 여자가 애완견을 벤치 위에 올려놓고 있다. 다음에 사람이 앉는다는 생각이 들지 않는 건가?

이제는 눈 감고 귀 막고 살아야 하는 시대가 되었다. 자신 속으로 깊이깊이 침잠해야 살아갈 수 있는 참담한 세상이 되었다.

모래알처럼 흩어져 살아가야 하는 각자도생(各自圖生)의 시대, 학창 시절에 진화론을 배워 우리는 적자생존(適者生存)을 자연스레 받아들이고 있다.

적응하지 못하는 사람들은 알아서 이 세상에서 사라져야 한다. 18세기 서양의 눈부신 산업화를 지켜본 철학자 칸트.

그는 근대의 도덕 철학을 정립하려 했다. '신(神) 중심의 중세가 무너지고, 인간이 중심이 된 시대, 인간은 어떻게 살아야 하는가?'

급작스럽게 형성된 도시는 혼란의 도가니였다. 지금의 한국의 도시들과 비슷했을 것이다.

공동체 사회에서 살아가던 사람들이 익명의 도시에 살게 되면서, 자유의 공기를 마음껏 마시게 되었지만, 자유를 누릴 의식 구조는 형성되지 않았다.

칸트는 오랜 성찰 끝에 도덕 감정의 근원을 깨닫게 되었다. 그는 다음과 같이 말했다. "생각을 거듭할수록 감탄과 경외로 나의 마음을 가득 채우는 두 가지가 있다. 하나는 나의 머리 위에 '별이 총총히 빛나는 하늘'이며, 다른 하나는 '내 안의 도덕 법칙'이다."

그는 인간은 하늘의 범칙과 자신 안의 도덕 법칙으로 살아가는 존재라는 것을 발견한 것이다.

어디서 "왜 개똥을 치우지 않고 그냥 가세요?" 하는 날카로운 소리가 바람결에 들려온다.

뒤이어 "다시 와서 치우려 했어요. 그래서 흙으로 덮어 놓았잖아요."라고 애원하는 소리가 들려온다.

공원 구석구석을 잘 살펴보면, 개똥들이 여기저기 늘려 있다. 그렇게도 애완하는 개가 남들에게 욕먹는 것이 걱정도 되지 않는가?

근대 이전의 사회에서는 마을 공동체를 이루고 살아왔기에, 한 개인이 도덕을 어기며 살아간다는 건 상상하기 힘들었다.

남들의 눈이 무서워 다들 선하게 살아갈 수 있었다. 이 감시의 눈이 사라진 시대, 칸트는 우리 내면에서 감시의 눈을 찾아낸 것이다.

그런데 사람들이 내면의 눈을 무시하고 살아가면 어떻게 되나? 그래서 근대 이후의 사회에서는 도덕 교육이 아주 중요해졌다.

내면의 양심을 깨우는 도덕 교육이 필수 교과목이 되었다. 어떤 방법으로 도덕 감정을 깨워야 할까?

칸트는 인간의 타고난 미(美)에 대한 감수성이 도덕 감정을 깨울 수 있다고 생각했다.

인간의 정신세계는 크게 세 영역으로 나눠진다. 진(眞)을 추구하는 학문, 선(善)을 추구하는 종교, 미(美)를 추구하는 예술.

이 세 개가 균형을 이뤄야 한다. 그런데 우리 사회는 진을 추구하는 학문이 우리의 모든 정신세계를 지배하고 있다.

선과 미가 사라졌다. 지식 위주의 입시 교육을 넘어 도덕 교육과 예술 교육이 교육의 중심에 서지 않으면, 우리 사회는 '헬조선'을 벗어나기 힘들 것이다.

이발관 냄새는 나로 하여금 문득 쉰 소리로 흐느껴 울게 한다.
내가 오직 바라는 건 돌이나 양모처럼 가만히 놓여 있는 것.
내가 오직 바라는 건 더 이상 상점들을 보지 않고
상품, 광경들, 엘리베이터들을 보지 않는 것.

내 발이 싫어지고 내 손톱과
내 머리카락 그리고 내 그림자가 싫을 때가 있다.
내가 사람이라는 게 도무지 싫을 때가 있다.

- 파블로 네루다, 〈산보〉 부분

'이발관 냄새' 나도 시인처럼 쉰 소리로 흐느껴 울고 싶다. 어릴 적 마을 입구에 있던 허름한 이발소.

거기에서는 늘 사람 냄새가 진하게 풍겨 왔다.

'내가 사람이라는 게 도무지 싫을 때가 있다.' 산다는 건, 망가지지 않기 위한 치열한 싸움이다.

나를 긍정하고 세상 사람들을 긍정하기 위한 목숨을 건 싸움이다.

이기주의를 위하여

> 나의 몸에서 터럭 하나를 뽑아 천하를 이롭게 할 수 있다고
> 하더라도 절대로 그렇게 하지 않겠다.
>
> - 양주(楊朱, B.C.440?-B.C.360?, 중국 전국 시대의 철학자)

인천 공항 가는 버스 안에서 무거운 짐을 든 중년 여인이 아들뻘 되는 젊은이에게 짐 좀 올려 달라고 하자 "제가 왜요?" 하더란다.

그 여인은 기가 막혔을 것이다. 힘 좋은 젊은 남자가 힘 좀 쓰는 게 뭐가 어렵단 말인가?

아마 많은 기성세대들이 이와 유사한 경험을 했을 것이다. '요즘 젊은 것들은 참······.'

나는 자전거를 타고 다른 도시에 갔다가 젊은이들에게 길을 물은 적이 몇 번 있었다.

그때 내 말을 아예 듣지 못한 척하는 젊은이들을 본 적이 있다. 기분이 무척 상했다.

하지만, 내가 젊은이라 해도 그들과 같은 심정일 것 같다. '세계 10위권 안에 든다는 선진국에서 먹고사는 문제조차 제대로 해결하기가 힘들다니!'

이 불만이 기성세대에게 향해지지 않겠는가? 그들은 이러한 세상을 만든 기성세대에게 말없이 항변하고 있을 것이다.

물론 기성세대의 심정도 이해되지 않는 게 아니다. 그들은 힘들게 어린 시절을 보냈다.

그때에 비하면 지금 젊은이들은 얼마나 안락하게 자라났는가? 하지만 기성세대들은 알아야 한다.

사람은 자라나는 환경에 의해 인성(人性)이 형성된다는 것을. 21세기에 자라난 세대들을 보릿고개를 겪으며 자라난 세대들과 비교하지 말아야 한다.

젊은이들의 눈으로 기성세대를 보면, 완전히 개성이 말살된 집단주의, 전체주의일 것이다.

우리는 극단적인 이기주의자로 보이는 젊은 세대들에게서 '개성(個性)'을 보아야 한다.

개성은 기성세대가 경험하지 못한 것이다. 인류사에서 개인이 등장한 것은 산업 사회 이후다.

인류는 오랫동안 한 개인을 존중하지 않았다. 그러다 산업화와 민주화가 진행되면서 가문을 벗어난 개인이 탄생했다.

개인(個人), 얼마나 위대한 인간인가! 어디에 소속되지 않고 스스로 자신의 길을 가는 단독자!

인간은 생각하는 동물이라 각자 하나의 세계다. 인간마다 그 차이가 종(種)의 차이만큼 크다.

다양한 재능과 성격을 타고난 각 개인들이 자신의 잠재력을 한껏 꽃피워 가는 세상, 생각만 해도 가슴이 뛰지 않는가!

이러한 개인들은 서로 연대하게 되어 있다. 자신보다 앞서가는 사람을 따르고 뒤에 오는 사람은 손을 잡고 끌어 준다.

이렇게 각자 개인으로 살아가면서 동시에 더불어 살아가는 세상이 우리 모두가 꿈꾸는 세상이다.

그런 세상을 향해 가는 도정에서, 양주의 극단적인 이기주의가 젊은이들의 가치관이 된 것이다. "나의 몸에서 터럭 하나를 뽑아 천하를 이롭게 할 수 있다고 하더라도 절대로 그렇게 하지 않겠다."

극단적인 이기주의자가 되고, 다시 넘어서야 무소의 뿔처럼 혼자서 가는 개인이 되고 진정한 이타주의가 될 수 있다.

자신밖에 모르는 정신은 언젠가는 깊은 내면의 본성(本性)을 깨우게 된다. 인간의 본성에는 인의예지(仁義禮智)가 있다.

밤이 깊어져야 새벽이 온다. 우리는 지금 깊은 밤 속에 있다. 다들 깊은 외로움의 병에 걸려 있다.

이제 곧 저세상으로 갈 기성세대들은 젊은이들이 안전하게 새벽을 맞이할 수 있도록 길을 밝혀 주어야 한다.

물러서라!
나의 외로움은 장전되어 있다.
하하, 그러나 필경은 아무도
오지 않을 길목에서
녹슨 내 외로움의 총구는
끝끝내 나의 뇌리를 겨누고 있다.

- 최승자, 〈외로움의 폭력〉 부분

'물러서라!/ 나의 외로움은 장전되어 있다.' 외로운 사람은 무서운 폭발물이 된다.

그의 안에 응축된 에너지는 밖으로 분출하려 한다.

그렇지 않으면 폭발한다. '아무도/ 오지 않을 길목에서' 그의 총구는 끝끝내 자신의 뇌리를 겨누게 된다.

우리는 모두 죽음에 이르는 병, 절망의 늪에 빠져 있다. 우리 함께 손을 잡아야 늪에서 빠져나올 수 있을 것이다.

쌀독에서 인심 난다

4

쌀독에서 인심난다

> 항산(恒産, 안정적인 먹거리)이 없으면
> 항심(恒心, 바른 마음)도 없다.
>
> - 맹자(孟子, B.C.372?-B.C.289?, 중국 전국 시대의 철학자)

'주막듬'이라는 작은 시골 마을에서 항상 신나게 놀던 아이는 국민학교(초등학교)에 들어가며 말이 없어졌다.

읍내 학교에서는 항상 희멀건 읍내 아이들이 와자하게 웃었다. 나는 그들 주위를 빙빙 돌았다.

학교에서는 언제나 읍내 아이들과 시골 아이들을 끼리끼리 모여 앉게 분단 편성을 했다.

읍내 아이들의 눈에는 까만 시골 아이들이 아마 아프리카 어느 부족의 원주민 같았을 것 같다.

그러다 6학년이 되어, 딴 세상 아이들로 보이던 읍내 아이들과 가까이 앉을 기회가 왔다.

읍내에 있는 중학교의 정원이 적어 읍내 국민학교에 다니는 아이들의 일부는 면 단위의 중학교에 진학해야 했다.

그래서 학교에서는 효율적인 수업을 위해, 오전 수업이 끝나면 오후에는 전교 석차 순으로 반 편성을 다시 했다.

다행히 성적이 좋았던 나는 전교에서 가장 우수한 아이들이 앉는 분단에 배치되었다.

그때의 기억이 생생하다. 옆 자리에 여학생 중에서 가장 공부를 잘하던 아이가 앉았다.

향긋한 읍내 여자아이. 그 아이가 말을 걸 때 나는 온몸이 떨렸다. '아, 읍내 여자아이가 내게 말을 다 하다니!'

그 뒤 읍내 남자아이들과도 친하게 지내게 되었다. 나는 그들에게서 시골 아이들에게 없는 것을 보았다.

'여유'였다. 그들은 항상 넉넉한 마음이 있었다. 한 읍내 아이는 그때 나와 약속을 했었다.

"우리 환갑이 되었을 때, 배구장에서 만나자!" 그 뒤 그 아이는 가끔 내게 달려와 내 귀에 대고 속삭였다. "잊지 마!"

또 한 아이는 등교 시간에 나를 자전거 뒷자리에 태우려 우리 집까지 자전거를 타고 왔다.

지금 생각하면, 왜 내가 5학년 때까지 그들 근처에도 가지 못했는지 웃음이 나온다.

어른이 되어, 그들의 넉넉한 마음의 근원을 알게 되었다. '항산(恒産, 안정적인 먹거리)에서 나오는 항심(恒心, 바른 마음)'이었다.

그때의 나의 경험을 확장해 보면, 새로운 정신세계를 열어젖혔던 많은 귀족들의 넉넉한 마음을 알 것 같다.

이제 인공 지능 시대가 온다고 한다. 많은 사람들이 인공 지능에게 일자리를 빼앗긴다고 생각하는데, 반대로 보았으면 좋겠다.

일은 이제 기계가 하고 인간은 놀면 된다고. 과거 귀족들이 고상하게 놀 수 있었던 것은 노예들이 일을 했기 때문이다.

인류가 이룬 눈부신 정신문화는 일하지 않는 사람들의 여유에서 나왔다. 이제 기계가 일을 하니 얼마나 다행인가!

물론 일하는 사람들의 찬란한 문화도 있었다. 신명이다. 나는 어릴 적 마을 어른들이 아이들처럼 흥겹게 노는 광경을 많이 보았다.

인간이 이룬 눈부신 현대 물질문명이 오히려 인간의 삶을 피폐하게 만들고 있다. 나는 그 이유를 '사람들이 놀 줄 몰라서'라고 생각한다.

많은 사람들이 마음만 먹으면 옛날의 귀족처럼 기품 있는 삶을 살 수 있다. 나는 오늘 공부 모임에서 우리 인문학 공부 모임이 '귀족 아카데미'라는 농담을 했다.

한 회원이 킬킬 웃으며 말했다. "선생님 그러네요. 빨래는 세탁기가 하고 청소는 로봇이 하네요. 우리는 놀면 되네요."

내 볼에 와 닿던 네 입술의 뜨거움
사랑한다고 사랑한다고 속삭이던 네 숨결
돌아서는 내 등 뒤에 터지던 네 울음

가난하다고 해서 왜 모르겠는가
가난하기 때문에 이것들을
이 모든 것들을 버려야 한다는 것을.

- 신경림, 〈가난한 사랑의 노래〉 부분

지나온 날들을 생각해 본다. 너무나 많은 것을 잃었다. '가난하기 때문에' 그 모든 것들을 지레 버렸다.

나도 모르게 서러움들이 내 안에서 터져 나올 때가 있다.

내 마음속에 썩지 않는 슬픔들이 너무나 많다.

맨 앞에 뭐가 있는데?

> 나이 오십 이전의 나는 한 마리 개에 불과했다. 앞에 있는 개가 자기 그림자를 보고 짖으면 같이 따라서 짖었던 것이다.
>
> - 이탁오(李卓吾, 1527-1602, 중국 명대의 사상가)

아이들을 보면 다른 아이가 하는 행동을 그대로 따라 하는 경우를 많이 본다. 인간의 타고난 '공감력'이다.

인간은 이 공감의 힘으로 찬란한 문명을 이루었다. 지구가 하나의 촌(村)이 될 수 있는 것이다.

대만의 동화 작가 장잉민의 그림책 《맨 앞에 뭐가 있는데?》를 재미있게 보았다.

태풍이 지나간 뒤, 동물들이 줄지어 서서 무언가를 밀고 있다.

"뭘 미는 거야?"
바다거북이가 궁금해서 줄 끝에 있는 흰동가리에게 물었다.

"나도 모르겠어."

대체 뭘 밀고 있는지 모르지만 다들 한 줄로 서서 열심히 밀고 있다.

"앞에 뭐가 있는데?" 기다란 줄을 보고 호기심이 발동한 갈매기가 날아와 물었다.

"잘 모르겠어. 누군가를 도와주려는 것 같아서 나도 거들고 있어." 힘주어 밀던 거북이가 이를 악물며 겨우 대답했다.

줄은 너무 길어 끝이 보이지 않았다.

"힘껏 밀어! 얼른 밀자고! 큰 바위가 살려 달라고 하잖아!" 갈매기가 기나긴 줄의 맨 앞에 도착했을 때, 작은 꽃게가 연신 소리치고 있었다.

"어머나! 고래잖아!" 갈매기가 깜짝 놀라며 말했다. 그때 줄 뒤쪽에서 복어의 고함이 들려왔다.

"아무렇게나 밀지 마! 너무 좁잖아. 어휴!" 몸이 줄 사이에 끼어 몹시 불편했던 복어의 몸이 갑자기 부풀어 올랐다.

"아이코." 모두가 앞으로 고꾸라졌다. 맨 앞에 있던 꽃게까지 넘어지면서 뾰족한 집게발로 고래의 살갗을 쭉 긁게 되었다.

그 바람에 고래는 간지러워 몸을 퍼덕이게 되었다. 어마어마한 물보라가 일고 고래는 소리쳤다.

"휴, 이제 자유다!" 고래는 "다들 고마워!" 소리치며 바다로 풍덩 뛰어 들어갔다. "천만에!" 동물들도 고래와 작별 인사를 나눴다.

아마 수만 년 전의 원시인들은 이렇게 살았을 것이다. 지금도 지구 곳곳의 소수 민족들은 이렇게 살아가고 있다.

'하나는 전체를 위하여, 전체는 하나를 위하여' 살아가던, 눈부시게 아름다운 인간의 원초적 고향이다.

이러한 지상 낙원은 농경을 하고 철기 문명이 등장하면서 서서히 사라져 갔다. 이제 각자 주체적으로 생각하며 살아가야 했다.

거대한 문명사회에서는 한 사람 혹은 소수의 권력자가 잘못을 하면, 전체 사회가 잘못될 수 있다.

항상 세상과 자신을 성찰하며 살아가야 한다. 이탁오는 자신의 지나온 삶을 뼈저리게 반성한다. "나이 오십 이전의 나는 한 마리 개에 불과했다. 앞에 있는 개가 자기 그림자를 보고 짖으면 같이 따라서 짖었던 것이다."

우리가 성인으로 추앙하는 사람들은 한결같이 말했다. "너의 본성(本性)의 소리를 들으며 살아가라!"

많은 사람들이 시류에 따라 살아가려 한다. 이러한 무사고(無思考)는 현대 문명을 풍전등화의 위기로 몰아넣고 있다.

길러지는 것은 신비하지 않아요.
소나 돼지나 염소나 닭
모두 시시해요.
그러나, 다람쥐는
볼수록 신기해요.
어디서 죽는 줄 모르는
하늘의 새
바라볼수록 신기해요.

- 임길택, 〈나 혼자 자라겠어요〉 부분

농경이 시작되면서 인간은 가축을 기르기 시작했다. 그와 함께 인간도 가축이 되어 갔다.

모두 시시하게 되었다.

우리도 시적 화자처럼 인간 선언을 해야 한다.

"나 혼자 자라겠어요."

작은 것이 아름답다

> 인디언 사회에서 권력이 있는 곳은 사회다.
> 추장에게는 의무만 있을 뿐 권력이 없다.
>
> - 피에르 클라스트르(Pierre Clastres, 1934-1977, 프랑스의 인류학자)

고향에 물고기를 아주 잘 잡는 후배가 있었다. 그는 웅덩이나, 개울, 강물에 손을 넣기만 하면 물고기가 잡혀 올라왔다.

비결을 물어보았다. 그는 허허 웃으며 말했다. "손을 물속에 넣고 가만히 있으면 물고기가 와요. 그러면 잡기만 하면 돼요."

나도 따라 해 보았다. 몇 번이나 시도해 보았지만 실패했다. 미끄러운 물고기들을 어떻게 움켜잡는 건가?

인간에게는 누구나 남들이 따라오지 못하는 이러한 탁월한 재능이 있다. 하지만 자신의 타고난 재능으로 이 세상을 살아갈 수 있는 사람은 얼마나 될까?

세상이 알아주는 재능은 따로 있다. 공부 하나만 잘해도 이 세상 살기에 얼마나 편한가?

인간은 수만 년 전의 원시 부족 사회에서는 누구나 타고난 재능으로 잘 살아갈 수 있었다.

수백, 수천 명이 하나의 가족을 이루고 살아갔기에 가능했을 것이다. 그러다 농업 혁명이 일어나며, 사랑 가득한 원시 부족 공동체 사회는 무너지게 되었다.

농업 생산량이 늘어나며 일하지 않는 귀족들이 생겨났다. 많은 사람들이 일을 더 많이 하면서도 더 가난하게 살게 되었다.

그래서 유발 하라리는 농업 혁명을 '인류의 대사기극'이라고 했다. 그 후 철기가 등장하면서 대제국들이 등장했다.

중국 드라마 〈한잔으로 세상을 얻다, 조광윤〉을 보며 많은 생각을 하게 된다. 조광윤은 중국 송나라를 세운 위대한 황제다.

그는 당나라가 무너진 후 여러 작은 왕국으로 갈라져 일상이 비상이 된 세상에서 신음하는 백성들을 위해 천하통일을 꿈꾼다.

그는 거대 제국의 운영에 탁월한 재능을 보였다. 하지만 그 한 사람이 수천만 명의 백성들을 잘 살아가게 할 수 있을까?

그의 산하들 중에 상당수가 권모술수로 권력을 잡고 호의호식하고 있다. 이들을 천자 혼자 어떻게 제어할 수 있을 것인가?

피에르 클라스트르는 그의 저서 《국가에 대항하는 사회》에서 "인디언 사회에서 권력이 있는 곳은 사회다. 추장에게는 의무만 있을 뿐 권력이 없다."라고 말했다.

그는 절대 권력을 가진 왕이 아닌 어머니 같은 추장이 이끌어 가는 부족 사회의 아름다운 모습을 보여 준다. "추장은 재판관이라기보다는 타협점을 찾는 중재자이다. (…) 어떤 인디언 부족에서는 추장을 쉽게 알아볼 수 있다. 왜냐하면 추장은 다른 누구보다도 소유물이 적고 가장 초라한 장식물만을 지닌 사람이기 때문이다."

우리가 앞으로 꿈꾸어야 할 세상은 원시 부족 사회의 정신일 것이다. 권력이 아닌 사랑으로 사회를 이끌어 가는 지도자, 그런 사회에서는 모든 사람이 고귀한 존재로 거듭날 것이다.

작은 것이 아름답다. 사회의 단위가 커지게 되면, 한 사람 한 사람의 개성이 존중받지 못하게 된다.

아무리 탁월한 재능을 지닌 지도자들도 거대한 제국을 잘 다스릴 수는 없다. 인류가 하나의 촌이 된 이 시대에 우리는 새로운 세상을 꿈꾸어야 한다.

요즈음 지역 사회 곳곳에 여러 작은 공동체들이 생겨나고 있다. 새로운 시대의 시원이 될 것이다.

물고기 잡는 능력 하나로 이 세상을 잘 살아가는 후배를 보고 싶다. 그의 천진한 웃음을 보고 싶다.

> 넓은 벌 동쪽 끝으로
> 옛이야기 지줄대는 실개천이 휘돌아 나가고,
> 얼룩백이 황소가
> 해설피 금빛 게으른 울음을 우는 곳,
> 그곳이 차마 꿈엔들 잊힐 리야.
>
> - 정지용, 〈향수〉 부분

우리 가슴에는 차마 꿈에도 잊히지 않는 고향이 있다.

우리가 어린 시절을 이런 시골 마을에서 보냈기 때문만은 아닐 것이다.

우리의 깊은 무의식 속에는 이러한 인류의 고향이 있을 것이다.

황홀경을 찾아서

> 영혼은 늘 문을 열어 둔 채, 황홀한 경험을
> 환영할 준비가 되어 있어야 한다.
>
> - 에밀리 디킨슨(Emily Dickinson, 1830-1886, 미국의 시인)

인터넷 뉴스에서 "마약 환각 파티 60명 검거, 모두 에이즈 감염 남성!"이라는 기사를 보았다.

이들은 호텔과 클럽 등에서 필로폰을 투약하고 집단 환각 파티를 벌이기도 했다고 한다.

동성 간의 성 접촉이 전파의 원인으로 의심받고 있는 엠폭스(원숭이두창)의 확진자가 계속 늘어나고 있는 상황에서, 이러한 사건이 벌어지다니!

그들은 죽음도 두렵지 않은 건가? 그럴 것이다. 그들은 마약을 투약하며, '황홀경(Ecstasy)'을 맛보았을 것이다.

엑스터시(Ecstasy)는 그리스어 엑스타시스(Ekstasis)에 어원을 두고 있다. 엑스(eks=ex)는 '밖으로'라는 의미다.

스터시스(stasis)의 의미는 '현재 상태로부터'이다. '하나로 된다'라는 엑스터시스(Ekstasis), 그 신비적 합일의 어원은 바로 '자기로부터 밖으로 나가는 것'이다.

인간은 다른 동물과 달리 자아(自我)가 있다. '나'라는 의식이 있으니, 나라는 게 독자적으로 존재한다는 생각을 하게 된다.

하지만 그건 착각이다. 자아는 나라는 자의식일 뿐이다. 이 자의식을 한순간에 날려 버리는 게, 마약이다.

내가 사라져, 나라는 존재 밖으로 나가게 된다. 무아(無我), 천지자연 그 자체가 된다. 열반의 경지다.

오랜 용맹정진 끝에 깨달음을 얻어야 도달하는 경지를, 마약의 힘으로 누구나 단숨에 오르는 것이다.

이 경지를 맛본 사람이 무엇을 두려워하겠는가? 언제나 '젖과 꿀이 흐르는 천국'에 갈 수 있는데.

그들은 마약의 환각에서 깨어나면 너무나 허탈했을 것이다. 이 누추한 세계를 어떻게 견딜 수 있겠는가?

그들은 모든 번뇌의 불길이 꺼진 니르바나(열반)의 세계를 목숨을 걸고 다시 찾게 되는 것이다.

우리는 그들을 비난하기 전에, 인간의 행복에 대해 생각해 보아야 한다. 고대 그리스의 철인 아리스토텔레스는 '인생의 목적은 행복'이라고 했다.

그럼 그들은 인생의 목적을 성취한 것인가? 그렇지 않다. 환각에서 깨고 나면 다시 삶의 나락으로 떨어져 버리는데, 어찌 성공한 인생일 수 있겠는가?

그럼 마약을 전혀 하지 않는 사람들은 성공한 인생인가? 그들은 행복의 극치인 황홀경을 맛보았는가?

현대인들의 대다수는 우울증과 권태에 시달리고 있다. 그들의 삶에 황홀경이 사라졌기 때문이다.

우리는 다시 황홀경을 되찾아야 한다. 원시인들은 집단적으로 마약을 함께 하며 황홀경 속으로 들어갔었다.

하지만 그들의 정신은 지극히 건전했다. 그들은 경건한 삶을 살았기에, 마약을 하면서도 스스로를 제어할 수 있었다.

우리 사회에서 마약이 크게 문제가 되는 것은, 우리가 물질을 숭배하며 정신세계가 피폐해졌기 때문이다.

  우리는 지식 위주의 입시 교육에서 벗어나 풍부한 인문학적 소양과 미적 감수성을 지닌 전인(全人)을 길러 내야 한다.

  유럽의 선진국들은 마약을 허용하지만 우리 사회처럼 심각하지 않다. 우리는 마약을 희생양으로 삼지 말아야 한다.

  모든 것이 마약 때문이라는 식으로 우리 사회 문제의 본질을 호도하지 말아야 한다. 말초적 쾌락에 빠져 버린 우리의 척박한 마음을 직시해야 한다.

> 햇볕 따가운 가을의 문턱에서
> 암수 두 마리의 사마귀가 뒤엉켜
> 성교를 나눈다
> 황홀한 합궁, 무아의 시간 속에서
> 수사마귀를 씹어 먹는 암사마귀
> 얼마나 사랑하면
> 먹고 먹혀도 좋단 말인가
>
> - 문상재, 〈사마귀의 사랑〉 부분

성과 사랑은 자신을 다 버리는 것이다. 범아합일(梵我合一), 죽음을 넘어서는 황홀경이다.

인간은 동물이면서 동물을 넘어서야 하는 존재다. 성과 사랑의 에너지를 고도의 정신세계로 승화할 수 있어야 한다.

발정기가 없어진 인간이 성에 탐닉할 때, 그의 몸과 마음은 황폐해질 수밖에 없다.

시선은 권력이다

우리가 만나게 될 얼굴을 마주 보기 위한 얼굴을 준비해야만 한다.

- 토머스 스턴스 엘리엇(Thomas Stearns Eliot, 1888-1965, 영국의 시인)

오늘 아침 다음과 같은 인터넷 기사를 보았다.

"'왜 쳐다봐'…처음 본 남성 10분간 폭행한 고등학생"

'자정이 조금 넘은 시간, 친구와 함께 주택가를 걷던 ○ 군은 마주 오던 60대 남성 쪽으로 다가가다 다짜고짜 때리기 시작했다.'

'그 60대 남성이 길에 널브러지고서야 ○ 군은 폭행을 끝냈다. 경찰 조사에서 ○ 군은 그 남성이 자신을 쳐다보자 기분이 나빠 때렸다고 진술했다.'

'본다고 사람을 때려?' 이 기사를 보는 많은 사람들이 이렇게 생각하겠지만, 우리도 누가 자신을 봤을 때 기분이 나빴던 기억들이 떠오를 것이다.

시선은 권력이기 때문이다. 짐승들은 길을 가다 마주 오는 다른 짐승과 눈이 마주치게 되면, 서로 잠시 바라본다.

그러다 약자는 눈을 내리깔게 된다. 약자는 먹이가 되거나 강자의 눈빛을 피해 슬금슬금 도망가게 된다.

우리에게는 짐승의 본능이 있다. 아마 ○ 군은 평소에 어른들의 눈빛에 대하여 불만을 품고 있었을 것이다.

교사가 그를 바라볼 때 그는 눈을 내리깔아야 했을 것이다. 그는 자라나면서 얼마나 많은 어른들의 눈빛을 피해 왔을까?

어떨 때는 불량스러워 보이는 ○ 군의 눈빛을 어른들이 피해 왔을 것이다. 그의 무의식에 꼭꼭 눌러 왔던 어른들에 대한 분노가 그날 폭발했을 것이다.

그에게 폭행을 당한 '60대 남성'에 대해 생각해 본다. 나도 60대라 어느 날 그런 봉변을 당할까 봐 두렵다.

나는 자주 공원에 간다. 강의를 오고 가며 공원의 벤치에서 쉬게 된다. 그때마다 나는 60대 이상의 남성들의 눈빛을 자주 의식하게 된다.

그들은 나를 한참 쳐다본다. 그들은 사람을 오래 바라보는 것이 예의에 어긋난다는 것을 모르는 듯하다.

나는 그 눈빛 속에서 그들의 오랜 '집단주의'를 본다. '한 사람'을 그 자체로 인정하지 않는 전체주의.

나는 그들의 눈빛이 마냥 나쁘다고는 생각하지 않는다. 그들은 낯선 사람하고도 대화를 하고 싶어 하는 것 같다.

하지만 막상 그들과 대화를 해 보면, 대다수 사람들은 '왕년의 자랑'을 늘어놓기 바쁘다.

대화가 아니라 독백을 한참 하다 간다. 그러니 젊은 세대들에게 꼰대 소리를 듣게 된다.

그들과 달리 요즘 젊은이들은 남에게 무관심한 듯하다. 대개는 남의 눈과 아예 마주치려 하지 않는 것 같다.

그런 젊은이들은 잘 살고 있을까? 인터넷에 나온 기사다.

'명문대 가야 닦달 후회' '검사했더니 병원 가야'

'저녁 식사는 홀로 편의점에서 하고, 인간관계는 소셜 네트워크 서비스(SNS)로만 하는데 아이가 우울증에 걸릴 수밖에 없다'

'서울 강남에서 최근 10대 청소년 3명이 잇따라 극단 선택을 하면서 상대적으로 부유한 강남에도 사각지대가 존재한다는 사실을 실감하며 착잡한 표정을 짓고 있다.'

20세기의 위대한 시인 엘리엇은 말했다. "우리가 만나게 될 얼굴을 마주 보기 위한 얼굴을 준비해야만 한다."

인간은 타고나기를 '더불어 살아가야 하는 존재'다. 홀로가 되면, 견디지 못한다. 홀로는 '함께'가 되어야 한다.

하지만 우리는 '홀로가 없는 함께'가 되어서는 안 된다. 그건 히틀러의 파시즘, 전체주의다.

우리 사회를 이끌어 가는 기성세대는 젊은이들이 왜 그리도 자신들을 강하게 거부하는지를 알아야 한다.

60대 이상이 갖고 있는 함께와 젊은이들이 갖고 있는 홀로가 서로 아름답게 만날 수는 없을까?

4월은 가장 잔인한 달
죽은 땅에서 라일락을 키워 내고
추억과 욕망을 뒤섞고

잠든 뿌리를 봄비로 깨운다
겨울이 오히려 우리를 따뜻하게 해 주었다.
망각의 눈으로 대지를 덮고
마른 뿌리로 약간의 목숨을 남겨 주었다.

- 토머스 스턴스 엘리엇, 〈황무지〉 부분

나는 2월을 가장 좋아한다. 기다림이 있어 좋다. 3월에 피어날 새싹들을 상상하며 산길을 거닌다.

겨울 산에는 '마른 뿌리'들이 묻혀 있다. 그들 곁으로 흐르는 물소리가 들린다. 뿌리들이 기지개를 켠다.

하지만 막상 봄이 오면, 곳곳에 피어나는 꽃들이 슬프다. 4월은 가장 잔인한 달이다.

4월에는 이 세상이 '황무지'임이 선명하게 보인다. 인간 세상에는 언제 꽃이 피어났던가?

기다림

5

기다림

> 슬픔은 뒤를 돌아보고 근심은 주위를 둘러본다.
> 하지만 믿음은 위를 바라본다.
>
> - 랄프 왈도 에머슨(Ralph Waldo Emerson, 1803-1882, 미국의 시인)

영국의 그림책 작가 크리스 네일러 발레스터로스의 《언제나 그랬 듯이》는 아름다운 기다림을 보여 준다.

'그 친구는 어디선가 불쑥 내게로 왔지요.
우리는 날마다 높은 바위산에서 소풍을 즐겼지요.'

'우리는 소풍을 즐기다 하루가 저물면
함께 떠오르는 달을 잠자코 바라보았어요.'

그렇게 지내던 어느 날 그 친구가 보이지 않게 된다. 친구가 갈 만한 곳을 샅샅이 찾았지만 친구는 보이지 않았다.

망원경으로 여기저기 살펴보다 "앗! 친구다!" 멀리 풀잎에 가려진 친구를 발견하게 되었다.

나는 짐을 싸서 떠난다. 겁이 나려 할 때는 용감해지는 노래를 흥얼거렸다.

'나는야 용감한 뿔쇠똥구리.
배고픈 까마귀도 무섭지 않아.
나는야 힘센 뿔쇠똥구리'

하지만 친구로 보이던 것은 붉은 버섯이었다. 그때 애벌레 친구는 절벽에 매달려 우화(羽化)하고 있었다.

'그런데 어디선가 갑자기
누군가가 불쑥 내게로 날아왔어요.'

'우리는 늘 예전처럼 늘 함께했어요.'

'나는 친구와 항상 함께할 거예요.
언제나 그랬듯이!'

물이 수증기가 될 때도 갑자기 된다. 사람도 그렇다. 갑자기 쑤욱 성장한다. 이 '갑자기' 앞에서 우리는 담담할 수 있어야 한다.

전래 동화 《잠자는 숲속의 공주》는 기다림의 미학을 보여 준다. 오로라 공주는 물레의 방추에 찔려 깊은 잠에 빠지게 된다.

부모의 보호 하에 사랑을 듬뿍 받으며 자라던 딸은 어느 날 갑자기 월경을 하고 어른이 되어 간다.

어린 소녀가 성숙한 여인이 되기 위해서는 백 년 동안 잠을 자야 한다. 잠을 자는 것은 성숙을 위한 기다림이다.

우리는 마냥 널브러질 때가 있다. 아무것도 하기 싫을 때, 이럴 때 주변 사람들은 기다려 줘야 한다.

성숙의 시간은 서서히 오는 게 아니라 긴 기다림 후 갑자기 온다. 길 가던 왕자가 잠자는 공주에게 입맞춤을 하여 공주를 깨우게 된다.

왕자는 공주의 내면에 있던 '멋진 남성성'이다. 여성은 내면의 남성을 만나야 온전한 인간이 된다.

달빛을 보며 함께 춤출 수 있는 친구는 오랜 기다림 후에 온다. 부모는 질풍노도의 사춘기를 거치는 자식을 기다려 줄 수 있어야 한다.

긴 여정을 함께하는 부부도 배우자가 어느 날 갑자기 번데기가 되는 충격을 견딜 수 있어야 한다.

애벌레는 번데기를 거치지 않고서는 날개를 얻지 못한다. 한 인간의 일생은 땅 위를 힘겹게 기어다니다 번데기가 되고, 우화하여 하늘을 날아다니게 되는 것이다.

 마음을 고요히 하여 이 세상을 바라보면 우리는 알게 된다. 매순간, 천지 창조가 일어나고 있다는 것을.

 지금 이 순간에도 모래 한 알에서는 새로운 우주가 탄생하고, 꽃 한 송이에서는 새로운 천국이 생겨나고 있다.

사과할래, 안 합니다, 그럼 한번 쳐야겠어, 네, 너도,
네 좋아, 치고 싶다면 쳐야지, 나도 열 받는다,
막무가내 앞에서 나도 그냥 막무가내가 되고 싶다.

그러다 문득, 우리 오 분만 가만있자,
그런 다음 치기로 하자, 멀뚱히 떨어져 앉아 삼백 초를 견딘다.
운동장에 까치 한 마리 날아와 앉는다. 은행잎 호로로 진다.
그새 늦가을 한 토막 서둘러 간다.

- 조재도, 〈고요의 힘〉 부분

 우리 안에는 '막무가내'가 있다. 그래서 누가 조금만 건드려도 뱀처럼 그에게 독을 내뿜는다.

하지만, 누가 건드렸을 때, '오 분만 가만있자' 그 막무가내를 조금만 누그러뜨리고 가만히 있어 보자.

'운동장에 까치 한 마리 날아와 앉는다. 은행잎 호로로 진다. 그새 늦가을 한 토막 서둘러 간다.'

자신이 어디에 있는지가 보인다. 누가 건드려도 조금 기다려 보는 것, 호모 사피엔스로 진화한 인간의 의무다.

아름다움은 추하다

우리는 지배 권력에 훈육되지 않는 우리 삶의 속성을 길러야 한다.

- 미셸 푸코(Michel Foucault, 1926-1984, 프랑스의 철학자)

옛날에는 산적이 나왔다는 ㅎ 고개를 자전거를 끌며 올라가다 버스 정류장의 의자에 앉아 잠시 쉬었다.

옆에서 버스를 기다리면 한 할머니가 "자전거가 참 좋네요." 하신다. 나는 웃으며 "네." 하고 대답했다.

할머니는 수영장에 가려 버스를 기다린다고 했다. 나는 "연세가 어떻게 되시는데요?" 하고 물었다.

90세란다. '와, 90세에도 수영을 하시는구나!' 90대 어르신들을 뵈면 기분이 좋다. '나도 잘하면 저 나이까지 살 수 있겠지? 그럼 나는 20여 년이나 더 살 수 있잖아.'

장수(長壽)는 얼마나 큰 복인가! 할머니는 "90세가 되니까 세상이 다 아름답다."라고 하셨다.

그럴 것 같다. 90년 이상을 이 세상에 살다 보면, 세상사 다 품을 수 있을 만큼 마음이 넓어질 것 같다.

여성들은 다 '대모신(大母神)'이 될 것 같다. 어제 공부 모임에서 한 회원이 했던 말이 생각났다.

20대 초반의 딸이 헬스클럽에 갔는데, 남자들이 자신의 몸을 유심히 보더란다. 그러다 고개를 돌려 쳐다보면 다들 고개를 휙 돌리고.

아마 이게 우리 사회의 일반적인 풍경일 것이다. 왜 젊은 여자는 어딜 가나 관심의 대상이 될까?

옛날에도 젊은 여자에게는 뭇 남성들의 시선이 집중되었을 것이다. 나의 고향 상주에는 민요 〈공갈못 노래〉가 있다.

가사 중에 '모시야 적삼 반쯤 나온/ 연적 같은 저 젖 보소/ 많이야 보면 병난다네/ 담배씨만치만 보고 가소'가 기억에 남아 있다.

문제는 '현대 남정네들이 많이야 봐서 병나는 것'일 것이다. 여자의 성(性)을 과도하게 상품화한 물신주의 때문이다.

시선의 대상이 된 젊은 여자와 시선의 주체가 된 모든 남자들. 모두 병이 나게 된다.

젊은 여자만 아름답다고 하게 되면, 모든 다른 여자들은 추하게 되어 버린다. 그렇게 되면 젊은 여자들도 언젠가는 추녀가 된다. 그 두려움으로 젊은 여자들도 추하게 된다.

얼마나 참담한 일인가! 그래서 젊은 여자들은 늙지 않기 위해 온갖 수단을 동원한다.

모든 여자가 아름다워지려면, 푸코가 말하듯, '우리는 지배 권력에 훈육되지 않는 우리 삶의 속성을 길러야' 한다.

우리 삶의 속성은 어떨까? 우리의 마음을 고요히 하고 세상을 보면 다 아름답다. 우리의 삶 자체가 아름답기에 세상도 다 아름답게 보이는 것이다.

나는 오래전에 늙은 여자가 얼마나 아름다운지를 경험한 적이 있다. 전철역 대합실에 앉아 있는데 갑자기 몸이 이상했다. 말도 제대로 나오지 않았다.

나는 그때 사람들이 나의 위급함을 보고 다들 도움을 줄 줄 알았다. 그때 도움을 준 사람이 바로 늙은 여자였다.

중년 남녀, 젊은 남녀, 어린아이 모두 나를 외면하던 그 절체절명의 순간에, 늙은 여자는 아무렇지도 않은 듯 내게 도움을 주었다.

노자는 말했다. "천하 사람들 모두 아름다움을 알고 아름다움을 추구하는데 그것은 추하다."

젊은 여자만 아름답다고 하게 되면, 결국에는 모든 여자뿐만 아니라 모든 남자, 삼라만상이 추하게 되는 것이다.

세상이 다 아름다워야 젊은 여자도 아름다울 수 있다. 우리는 젊은 여자만 아름답다는 인식의 틀에서 벗어나야 한다.

인간의 피로 더럽혀진 손으로
독재자들이
못된 짓을 저지르는 동안에
늙은 여자들은
아침이면 일어나서
고기와
빵과
과일을 판다
청소를 하고
요리를 한다
무슨 일이 나건
쳐다보고만 있다.

늙은 여자들은
죽지도 않는다.

- 타데우슈 루제비치, 〈노파에 대한 이야기〉 부분

'인간의 피로 더럽혀진 손으로/ 독재자들이/ 못된 짓을 저지르는 동안에' 모든 남자들은 누구나 독재자들이다.

겉으로 보면 독재자들인 남자들이 이 세상을 이끌어 가는 것 같지만, 실은 그 이면에서 늙은 여자들이 우리들을 먹여 살리고 있다.

그녀들은 이 세상을 쳐다보고만 있다. 마치 태양이 이 세상을 굽어보듯이. 그녀들은 계속 부활하고 있다.

희망 고문

희망(希望)이란 말 그대로 욕망에 대한 그리움이 아닌가.

- 기형도(奇亨度, 1960-1989, 대한민국의 시인)

한국 영화 〈행복의 나라〉를 보았다. 영화의 줄거리는 단순하다.

8년 전, 달려오는 전동차에 뛰어들어 자살하려던 자신을 구하고 운명을 달리하게 된 친구 진우, 그는 사법 고시에 합격한 3대 독자였다.

민수는 그의 제사에 매번 참석한다. 다른 가족들은 그를 냉대하지만, 희자(진우 어머니)는 아들을 대하듯 친절하게 대한다.

하지만 민수는 그런 희자를 마주하는 게 버겁다. 그래서 그는 희자에게 이제 앞으로는 제사에 참석하지 않겠다고 말한다. 그러자 희자가 묻는다.

"아직은 이르다고 생각하지 않아?" 민수가 대답한다. "그럼 제가 언제까지 와야 돼요?" 희자는 그런 민수를 무섭게 노려보았다.

집으로 돌아온 민수는 넋이 나간 듯하다. 아내가 그에게 말한다.

"당신 무언가에 씐 듯해."

민수는 언젠가 자신에게 명함을 준 무당을 찾아간다. 민수는 무릎을 꿇고 무당에게 애원한다. "선생님, 제발 저를 살려 주세요. 살고 싶어요."

민수는 진우 집에 찾아가 진우의 옷가지들과 진우의 사진을 들고 나온다. 그의 차를 희자가 몰래 따라온다.

민수는 산속으로 들어가 발가벗은 채 진우의 옷가지들과 자신의 옷들과 진우 사진과 부적을 쌓아 놓고 불을 붙인다.

뒤따라온 희자가 아우성을 치고 민수는 그녀를 밀어 넘어뜨린다. 쓰러진 희자를 그냥 두고 산을 내려온 민수.

민수의 삶이 왜 이렇게 망가지게 되었을까? 그는 심한 희망 고문에 시달렸다는 생각이 든다.

그는 어떤 희망을 갖고 열심히 살아왔을 것이다. 하지만 그의 뜻대로 되지 않고 그는 결국에는 자살하려는 결심을 하게 되었을 것이다.

그의 삶은 첫 단추가 잘못 끼워진 것이다. 기형도 시인은 말한다. "희망(希望)이란 말 그대로 욕망에 대한 그리움이 아닌가."

희망은 글자 그대로 '욕망(望)을 찾아가는(希) 것'이다. 민수는 자신의 욕망에 충실했어야 했다.

하지만 그는 자신의 욕망은 도외시하고, 세상이 부여하는 어떤 희망을 갖고 살았을 것이다.

그러다 보니 그는 항상 빈껍데기로 살아간다는 생각이 들었을 것이다. 요즘 많은 청소년들이 자살을 하고 있다.

그들에게 그들 자신들의 욕망이 아닌, 이 세상의 욕망에 따라 살아가게 한 이 세상이 범인이다.

그는 다시 산에 가 보았지만, 희자가 사라졌다. 희자는 구조되어 병원에 입원해 있었던 것이다.

민수는 희자의 병실에 들어가 희자의 인공호흡기를 뗀다. 그때 간호사가 들어오고 민수는 침대 밑에 숨는다.

민수가 어떻게 죽었는지는 영화에 나오지 않는다. 민수의 장례식에 나타난 희자, 그녀는 편안해 보인다. 그녀의 희망이 이루어진 듯이 보인다.

하지만 그녀의 무의식도 편안할까? 그녀는 앞으로 알 수 없는 고통에 시달리게 될 것이다.

희망을 이룬 아들에게서 희망을 찾으려는 그녀는 결국 희망 고문을 피할 수 없게 될 것이다.

〈행복의 나라〉는 행복의 나라로 가려는 사람들은 모두 희망 고문을 당하게 되고, 결국에는 불행의 나라로 가게 되는 생(生)의 이치를 섬뜩하게 보여 주는 영화다.

> 모든 자연은 작업 중이야. 민달팽이들은 자신의 은신처를
> 떠나고-
> 벌들은 웅성거리고- 새들은 날고,
> 그리고 허공에서 잠자는 겨울은,
> 미소 짓는 자신의 얼굴에 봄의 꿈을 띠지!
>
> - S. T. 코울리지, 〈희망 없는 작업〉 부분

자연은 언제나 작업 중이다. 그들의 작업은 늘 '희망 없는 작업'이다.

그들은 오로지 지금 이 순간, 자신의 욕망에 충실하고 있다. 그들의 희망 없는 작업이 천지를 창조하고, 천지자연을 운행하게 한다.

부모 찬스

> 부처를 만나면 부처를 죽이고 조사를 만나면
> 조사를 죽이고 부모를 만나면 부모를 죽여라.
>
> - 임제(臨濟, 787-867, 중국의 대선사)

언젠가부터 '부모 찬스'라는 말이 갑자기 유행하게 되었다. 나는 '베이비 붐 세대'에 속한다.

한국 전쟁이 끝난 후 많은 아이들이 태어났다. 이 아이들은 어린 시절에는 보릿고개를 겪었지만, 눈부신 경제 성장에 힘입어 다들 부모 세대보다 잘살게 되었다.

'자식 찬스'가 있던 시절이었다. 아마 거의 모든 부모님들이 자식 자랑을 했을 것이다.

그런데 우리 자식들은 어떤가? 거의 모든 자식들이 자신들의 부모보다 더 못살게 될 것이다.

이제 경제가 저성장의 시대로 접어들었기 때문이다. 우리 세대는 그야말로 '꿀 빠는 세대'였다.

서울 강남에 아파트를 사 놓고 하룻밤 자고 나면 크게 올랐다. 은행 금리도 10%가 넘었다.

대학 4학년 때는 대기업 몇 군데 합격하고서 선택을 해야 했다. 교사, 공무원 같은 안정된 직장은 인기가 없었다.

내가 80년대 초 교직에 있을 때, 개인택시를 하시는 학부모님들이 교사들보다 수입이 더 많았다.

그 당시 시골에서 공고, 상고를 나와 성공한 분들이 많았다. 또 신도시가 건설될 때라 그 지역에 땅이 있는 분들은 하루아침에 수백억대의 부자가 되었다.

가난하게 자란 한이 많은 우리 세대는 자식들에게 '올인'하는 분들이 많았다. 자식들을 '왕자님', '공주님'이라고 불렀다.

그런데 우리 자식들은 경제 저성장의 시대를 맞아 취직하기가 낙타가 바늘구멍에 들어가는 것만큼이나 어렵게 되었다.

부모 찬스가 그들의 운명을 결정짓게 된 것이다. '조물주 위에 건물주'라는 말이 나돌기 시작했다.

건물주의 자식들은 얼마나 좋은가! 그들은 전혀 공부를 하지 않아도 된다. 부모의 유산을 이어받아 변호사가 된 최고로 공부 잘하는 아이들을 비서로 쓸 수 있다.

그들은 의대에 가는 아이들을 비웃는다고 한다. 그들은 병원을 차려 최고의 엘리트 출신 의사들을 직원으로 고용한다.

이 세대를 'MZ 세대'라고 한다. 고도 성장기를 보낸 베이비 붐 부모 세대와 저성장 시대를 살아가는 MZ 자식 세대가 만난 것이다.

MZ 세대는 1980년대 초에서 2000년대 초에 태어난 밀레니얼 세대의 M과 1990년 중반에서 2000년대 초에 태어난 Z 세대를 통칭하는 말이다.

이들은 인터넷을 비롯한 디지털 환경에 익숙한 세대다. 디지털 환경은 개성을 중시하는 개인을 낳는다.

이들이 보기에 부모 세대는 전체적으로 '꼰대'로 보일 것이다. 소설가 프란츠 카프카는 "아버지가 아들에게 하는 명령어의 경우에도 작은 사형 선고가 있다."라고 말했다.

꼰대들은 카프카의 말에 귀를 기울여야 한다. 자신들의 말에 사형 선고가 있다는 것을.

우리 세대들이 꼰대가 된 이유는 집단주의 산업 시대의 환경에서 자라났기 때문이다.

산업 사회는 대공장 중심이라 사람은 기계의 부속품 하나가 되어야 했다. 집단주의, 전체주의가 몸에 배일 수밖에 없다.

우리는 이제 자식들에게 새로운 부모 찬스를 주어야 한다. 우리 아이들이 자신들의 개성을 아름답게 꽃피워 갈 수 있는 환경을 제공해 주어야 한다.

우리 자식들은 자신의 삶을 스스로 꾸려 가는 삶의 주인이 되어야 한다. 그러려면 그들은 모든 권위를 죽여야 한다.

그들은 마음속에서 꼰대인 부모를 죽여야 한다. 부모가 먹구름처럼 그들의 하늘에 드리워져 있으면 그들은 제대로 성장하지 못한다.

집에만 가져가면

꽃들이

화분이

다 죽었다

- 진은영, 〈가족〉 부분

요즘 자식들이 부모를 죽이는 끔찍한 사건들이 빈번하게 일어나고 있다.

부모가 그들에게 '살부모(殺父母) 찬스'를 준 것이다.

부모 세대는 자식 세대가 정신 속에서 자신들을 죽이게 해야 한다.

부모님의 위대한 유산

> 나는 이제야 깨닫는다. 내가 그토록 원하던
> 그 많은 재산과 명성은 내 앞에 다가온 죽음 앞에 희미해져서
> 아무런 의미가 없다는 사실을.
>
> - 스티브 잡스(Steve Jobs, 1955-2011, 애플사의 창업자)

학창 시절을 생각하면 가슴이 먹먹해 온다. 아마 초등학교 1학년이었을 것이다. 집에 오니, 아무도 없다.

부엌에 들어가니 허공에 광주리 하나가 매달려 있다. 나는 저 광주리에 무엇이 담겨 있는지 알았다.

'개떡'이었다. 입에 침이 고였다. 한참 바라보다 밖으로 나왔다. 마당에서 혼자 놀았다.

고추잠자리도 쫓고, 하늘의 구름을 바라보다 다시 부엌으로 들어갔다. 군침이 돌았다.

한참 바라보다 밖으로 나왔다. 아주 오래전 일이지만 선명하게 내 머릿속에 흑백 사진처럼 박혀 있다.

가난, 정말 지긋지긋했다. 옷은 항상 꿰맨 자국이 덕지덕지했고, 소매는 콧물로 번들거리고, 얼굴은 햇볕에 타 까만 아이.

다행히 가정 형편이 좀 좋아져 중학교에 진학하고, 고등학교에도 갈 수 있었다. 하지만 고등학교에 가니 대학 가는 아이들이 너무나 부러웠다.

그때의 절망감, 누가 돈을 빌려주어 나중에 갚으면 좋겠다는 생각을 했었다. 지금 같으면 학자금 대출일 텐데, 그때는 그런 제도가 없었다.

자취방에 돌아오면 얼굴 표정이 딱딱하게 굳어 있었다. 억지로 웃어 보면 얼굴 표정이 일그러졌다.

미래가 없는 소년. 독일의 소설가 헤르만 헤세의 《수레바퀴 아래서》를 읽으며 내가 수레바퀴에 깔려 있다는 생각을 했었다.

그 뒤 행운이 겹쳐 대학에 가고 안정된 직업의 교사가 되고 난 후, 나는 중년의 위기를 맞게 되었다.

오직 먹고살기 위해 열심히 살아왔는데, 문득 길이 끊어져 버린 것이다. 대학원에 진학해 철학 공부를 하겠다는 생각도 허공으로 흩어져 버렸다.

나는 그때 유명인들의 대중 강의를 많이 들으러 다녔다. '어떻게 살아야 하나?' 먹고사는 문제가 해결되고 나니까 내 안에서 꿈이 피어난 것이다.

시민 단체에서 활동하고 문학을 공부하며 나는 내 인생을 되돌아보게 되었다. 그토록 싫었던 가난한 시절을 새롭게 바라보게 되었다.

나는 가난했기 때문에 항상 내 안으로 움츠러들었다. 그래서 나는 내면의 나를 만나는 게 익숙해진 것 같다.

내가 만일 부유한 가정에서 자랐다면, 항상 밖을 내다보며 살아왔을 것이다. 그랬더라면 내 안의 '꿈꾸는 나'가 제대로 자라나지 못했을 것이다.

이제 노년기로 들어가며, 나는 '부모님의 위대한 유산'을 느낀다. 나의 부모님이 부자가 아니어서 너무나 다행이라는 생각이 든다.

내가 고통스럽게 살아오지 않았다면, 내 안의 꿈꾸는 아이는 제대로 성장하지 못했을 것이다.

이 시대의 아이콘 스티브 잡스는 병석에서 다음과 같이 말했다고 한다. "나는 이제야 깨닫는다. 내가 그토록 원하던 그 많은 재산과 명성은 내 앞에 다가온 죽음 앞에 희미해져서 아무런 의미가 없다는 사실을."

인간에게 죽음은 너무나 커다란 사건이다. 감당할 수 없을 만큼. 하지만 누구나 자신의 죽음을 맞이해야 한다.

그때 삶 전체가 평가될 것이다. 스티브 잡스 같은 이 시대의 영웅도 한탄하는 게 죽음이다.

아마 내가 잘사는 집에 태어났다면, 남들이 좋다고 하는 직업을 갖고 살다가 지금쯤 은퇴했을 것이다.

스티브 잡스는 이 시대 최고의 업적을 이루고도 지나온 삶을 회한으로 바라보는데, 평범한 직업인으로 살았을 나는 어떻겠는가?

나는 지나온 수십 년을 돈키호테처럼 꿈꾸며 살았다. 세상에 내놓을 만한 업적은 없지만, 나는 깊은 삶의 맛은 조금 본 것 같다.

인간 정신의 정수가 담긴 고전을 읽으면 이해가 된다. 그 깊은 맛을 느낄 수 있는 감수성은 내가 힘겹게 살아왔기에 얻게 되었을 것이다.

골목에서 골목으로
거기 조그만 주막집.
할머니 한 잔 더 주세요,
저녁 어스름은 가난한 시인의 보람인 것을……

흐리멍텅한 눈에 이 세상은 다만
순하디순하게 마련인가,
몽롱하다는 것은 장엄하다.

- 천상병, 〈주막에서〉 부분

나도 나이 들어 가며 시인처럼 저녁 어스름에 조그만 주막집을 찾고 싶다.

'흐리멍텅한 눈에 이 세상은 다만/ 순하디순하게 마련인가,/ 몽롱하다는 것은 장엄하다.'

상상력은 영혼의 눈이다

6

상상력은 영혼의 눈이다

오로지 마음으로 보아야 잘 보이는 거야.
가장 중요한 건 눈에는 보이지 않는단다.

- 앙투안 드 생텍쥐페리(Antoine de Saint-Exupéry, 1900-1944, 프랑스의 소설가)

생텍쥐페리의 《어린 왕자》에는 다음과 같은 구절이 나온다.

'내 그림은 모자를 그린 것이 아니다. 코끼리를 소화시키고 있는 보아 뱀을 그린 것이다. 내가 그 보아의 속을 그려 보이자, 어른들은 그제야 이해를 했다. 어른들은 항상 설명을 필요로 한다.'

여섯 살 아이가 그린 '코끼리를 소화시키고 있는 보아 뱀'이 왜 어른들의 눈에는 모자로 보일까?

인간의 마음의 구조를 알아보자. 인도의 요가에서는 인간의 마음의 층위를 다섯 개로 나눈다.

첫 번째는 음식층이다. 이 층은 음식으로 만들어진 육체다. 우리는 죽으면 다시 음식으로 돌아간다.

두 번째는 호흡층이다. 호흡은 음식을 산화시켜 생명으로 바꾼다.

세 번째는 마음층이다. 이것은 몸에 대한 의식이며, '나'라는 의식, 자아(自我, Ego)다.

네 번째는 지혜층이다. 이것은 만물제동(萬物齊同)의 마음이다. 만물과 내가 하나가 되는 것이다. 모든 구별하는 마음, 분별심(分別心)이 사라지는 것이다.

다섯 번째는 희열층이다. 나를 넘어서 하나의 파동이 된다. 관음보살의 천년의 미소다.

이 마음층들의 가장 깊은 곳에 영혼, 자기(自己, Self)가 있다.

어린아이의 마음은 이 다섯 층의 마음을 쉽게 넘나든다. 어떨 땐 잔혹하게 다른 생명을 마구 죽이기도 하지만, 어떨 땐 가장 성스러운 행동을 쉽게 한다.

어른의 마음은 강한 자아에 고착되어 있다. 자아는 항상 자신과 남을 구분하고, 음식층인 육체의 고통과 쾌락에 연연하며 살아간다.

이분법에 갇혀 있는 자아는 보이는 것에만 집착한다. 자신의 육체적 욕망에 연연하다 보니, 소유욕이 갈수록 커지는 것이다.

눈에 보이는 물질세계가 전부인 줄 아는 어른은 불행하다. 자신이 가진 것에 목숨을 걸고, 다른 사람들을 자신의 이익을 위해 이용하게 된다. 이 세상은 약육강식의 생지옥이 된다.

우리의 마음이 이 자아를 넘어서 지혜층, 희열층으로 들어가게 되면, 모든 사람들, 모든 생명체들이 하나가 된다. 서로의 마음과 몸을 나누며 살아가는 사랑 가득한 낙원이 된다.

현대 철학의 아버지 프리드리히 니체는 최고의 인간을 '아이'라고 말한다. 아이는 지난 시간을 쉽게 망각한다.

아무리 즐거웠던 시간도, 아무리 고통스러웠던 시간도 그를 붙잡을 수 없다. 그는 항상 처음으로 이 세상에 왔다.

세상이 마냥 신기할 뿐이다. 이 아이의 마음을 고이 간직한 어른이라면, 이 세상은 그에게 놀이터가 될 것이다.

이렇게 살다간 사람들이 역사적으로 인류의 모델이 되었다. 우리가 알고 있는 성현들, 위인들, 영웅들이 그런 사람들이다.

눈부신 현대 문명은 인간의 끝없는 지적 욕구가 만들어 냈다. 그 결과 인간의 마음은 너무나 가난해졌다.

지혜층, 희열층으로 들어가지 못하는 어른들은 권태를 견디지 못해 자극적인 쾌락을 찾아 나선다.

언젠가 '한국은 즐거운 지옥이고, 유럽의 선진국들은 심심한 천국'이라고 말하는 것을 들은 적이 있다.

밤마다 불야성을 이루는 우리의 밤 문화, 그 안에는 깊은 절망이 있다. 우리의 마음이 더 깊어져야 우리는 절망의 늪에서 빠져나올 수 있을 것이다.

오래 보아야

사랑스럽다

너도 그렇다.

- 나태주, 〈풀꽃·1〉 부분

풀꽃을 처음 볼 때는, 마음층으로 보게 된다. 나와 전혀 관계없이 벌판에 서 있는 풀꽃이 보인다.

나는 저 꽃을 꺾을 수도 있고, 그냥 지나쳐 갈 수도 있다.

그러다 오래 바라보게 되면, 풀꽃이 서서히 달라지게 된다. 풀꽃과 나의 경계가 차츰 희미하게 된다.

풀꽃과 나는 하나의 파동 속으로 들어가게 된다. 함께 춤을 추게 된다. 우리가 만나는 모든 '너'도 그렇다.

가르침과 배움

> 알려고 애쓰지 않으면 가르쳐 주지 않고,
> 애태우지 않으면 말해 주지 않는다.
>
> - 공자(孔子, B.C.551-B.C.479, 중국 춘추 시대의 사상가)

약수터에 갔더니 할머니 둘이서 인사를 한다. "안녕하세요?" "네." 하고 답례를 했더니 대뜸 조그만 책자를 내밀며 '영생의 샘'이 있단다.

요즘은 길을 묻는 전도인들도 있다고 한다. '길을 묻는 척하며 길을 가르쳐 주겠다니?'

종교에서는 신앙인의 전도를 최고의 공덕으로 여기는 것 같다. 하지만 진정한 신앙인이라면 저렇게 막무가내로 전도할까?

상대방의 마음조차 제대로 헤아리지 못하는 신앙인이 누구에게 전도할 수 있겠는가?

저렇게 전도하는 사람들은 신앙을 가장한 '인간 사냥꾼'일 것이다. 공자는 다음과 같이 말했다. "알려고 애쓰지 않으면 가르쳐 주지 않고, 애태우지 않으면 말해 주지 않는다."

종교의 깨달음은 알려고 애쓰고 애태우는 사람에게만 온다. 공자는 깨달음을 얻었기에 그 과정을 잘 알고 있었을 것이다.

물을 끓이는 데도 엄청난 공을 들여야 한다. 처음에는 아무리 열기를 가해도 끓을 기미조차 보이지 않는다.

물을 끓일 일념으로 계속 열을 가해야 한다. 그러다 보면 어느 순간, 물이 끓기 시작한다.

물이 수증기가 되는 기적이 일어난다. 이런 지난한 과정을 겪지 않은 신앙인들은 "불신 지옥!" 하고 다른 종교인들을 향해 마구 소리친다.

인도에서 중국으로 건너온 달마 대사가 소림굴에서 면벽 수도를 하고 있었다. 수행자들이 간간이 찾아왔으나 그는 거들떠보지도 않았다.

어느 날 혜가라는 승려가 찾아와 제자로 받아 달라고 애원했다. 무릎이 빠질 만큼 쌓인 눈 속에 서서 밤을 새웠지만 달마 대사는 뒤돌아보지도 않았다.

혜가는 왼팔을 잘라 달마 대사에게 바쳤다. 그제야 달마 대사는 혜가를 제자로 받아 주었다.

달마 대사는 혜가가 정말 배우려는 열정이 있는지를 알고 싶었을 것이다. 그는 뜨거운 열정을 가진 제자를 간절히 기다리고 있었을 것이다.

그 후 혜가는 깨달음을 얻어 달마 대사의 후계자, 선종(禪宗)의 제2대 조사가 되었다.

지식은 누구나 쉽게 배울 수 있다. 하지만 지식을 넘어선 지혜는 쉽게 가르치고 배울 수가 없다.

인간은 두 개의 세계에서 살아가고 있다. 보이는 물질의 세계와 보이지 않는 에너지장의 세계다.

물질의 세계는 언어로 다 설명할 수 있다. 하지만 에너지장의 세계는 언어로 설명할 수가 없다. 그것은 무한히 생성 변화하는 신묘한 세계이기 때문이다.

우리 몸이 물질을 넘어서 에너지장이 되어야 온몸으로 그 신묘한 세계를 깨달을 수 있다.

이 에너지장의 세계를 모르면 우리의 사고가 물질의 유한성에 갇히게 된다. 물질이 전부인 줄 알아 물질에 집착하게 되고, 항상 탐욕에 시달리게 된다.

물질은 에너지장이 우리의 감각에 의해 지각된 것들이다. 즉 물질은 허상인 것이다.

온몸이 에너지장의 파동과 하나가 될 때, 우리는 영원한 우주의 춤이 될 수 있을 것이다.

> 난 벼락이 가리키는 길을 따라 여기까지 왔다
> 찰나의 낙뢰 속에서
> 내 몸과 대기와 대지의 주인이 되는
> 나여, 그 섬광의 희열 밖에서
> 내가 무엇을 할 수 있단 말인가
> 비바람 불고, 느티나무 아래
> 내 육체의 피뢰침이 운다
> 내 전생애가 운다, 벼락이여 오라
> 한 순간 그대가 보여 주는 섬광의 길을 따라
> 나 또 한 번, 내 몸과 대기와 대지의 주인이 되련다
>
> - 유하, 〈내 육체의 피뢰침이 운다〉 부분

시인은 '섬광의 희열 밖에서' 무엇을 할 수 있겠느냐고 묻는다. 그는 물질의 세계는 환영이라는 것을 잘 알고 있기 때문이다.

그는 '내 몸과 대기와 대지의 주인'이 되고 싶은 것이다. 하지만 이 세계에는 벼락이 쳐야 들어갈 수 있다.

벼락을 맞아 온몸이 불타며, 그 짧은 섬광 속에서 그는 실제의 세상 속으로 들어가는 것이다.

인생은 한바탕 꿈이다

> 허구를 말할 수 있는 능력이야말로 사피엔스가 사용하는 언어의 가장 독특한 측면이다. 허구 덕분에 우리는 단순한 상상을 넘어서 집단적으로 상상할 수 있게 되었다.
>
> - 유발 하라리(Yuval Harari, 1976, 이스라엘의 역사학자)

유발 하라리는 약 7만 년 전 인간에게 '인지 혁명'이 일어났다고 한다. 사피엔스(생각하는 동물)에게 '생각의 혁명'이 일어난 것이다.

인지 혁명이란 사피엔스가 보여 주었던 새로운 사고방식과 의사소통 방식이다. 그들은 '허구'를 말할 수 있게 된 것이다.

그는 말한다. "허구 덕분에 우리는 단순한 상상을 넘어서 집단적으로 상상할 수 있게 되었다."

나는 오늘 아침 6시쯤에 잠에서 깼다. 희끄무레한 허공을 보며 생각했다. '오늘이 무슨 요일이지?'

'아, 화요일이구나! 화요일에는 저녁 6시에 ㅂ 생협에서 강의가 있지.' 나는 오늘 하루 일정을 생각한다.

그런데? 오늘이 정말 화요일인가? 아니다. '오늘'에 어떤 이름을 붙여도 오늘을 표현할 수가 없다.

우리가 오늘을 화요일로 하자고 해서 오늘은 화요일이 된 것이다. 허구다. 이 허구 덕분에 오늘은 화요일이 되고 우리는 오늘도 무사히 살아갈 수가 있다.

이 허구의 능력 덕분에 우리는 찬란한 문화를 꽃피우며 살아갈 수가 있는 것이다. 그래서 인생은 흡사 '아이들 소꿉놀이' 같다.

아이들은 자신들을 '엄마, 아빠' 하고 이름을 붙이고, '모래알로 떡 해 놓고 조약돌로 소반 지어' 재미있게 논다.

다른 동물들은 이렇게 놀지 못한다. 허구의 능력이 없기 때문이다. 그런데 문제는 이렇게 계속 놀다(살다) 보면 이게 진짜 같아진다는 것이다.

한 여승이 스승에게 "여자도 부처가 될 수 있지요?" 하고 물었다고 한다. 스승은 단호하게 대답했단다. "여자는 부처가 될 수 없다."

여승은 강하게 반발했다고 한다. "석가모니 부처님이 여자도 부처가 될 수 있다고 하셨는데요? 스승님은 왜 그렇게 말씀하세요?"

스승은 그녀를 물끄러미 바라보며 말했다고 한다. "그대가 여자인가?" "헉!" 그녀는 그 순간, 크게 깨달았다고 한다.

그렇다. 남자, 여자…. 이런 것들은 다 이름에 불과하다. 허구다! 자신을 남자, 여자라고 생각하는 한 그(녀)는 부처가 될 수 없다.

부처는 모든 것에서 해방된 사람인데, '허구의 감옥'에 갇혀 있으니 어떻게 부처가 될 수 있겠는가?

'나'라는 존재는 그냥 나다. 어떤 이름으로도 나를 표현할 수가 없다. 우리가 함께 살아가기 위해 편의상 서로 이름을 붙이며 살아가는 것이다.

인생이 고(苦)인 것은, 우리가 허구의 감옥에 갇혀 살아가기 때문이다. 나라는 건 그냥 이름에 불과한데, 우리는 나라는 존재가 실체로 존재한다고 생각하며 살아간다.

이렇게 되면 우리는 나라는 존재가 늙어 가는 것도 고통이고, 병이 드는 것도 고통이고, 죽게 되는 것도 고통이고…. 삶 전체가 고통이 된다.

그래서 우리는 항상 잊지 말아야 한다. '나는 나다. 생각을 끊고 무심히 존재하는 이 나가 바로 진짜 나다.'

나라는 존재가 어떤 이름으로 살아가는 모든 것들은 다 아이들 소꿉놀이 같은 것이다!

이 소꿉놀이의 재미를 잃어버리게 되면, 우리는 고뇌한다. '나는 누구인가? 어떻게 살아야 하는가?'

그러다 회의주의자가 되고, 허무주의자가 된다. 우울증에 걸리고 삶은 시들시들 시들어 간다.

    7월 31일이 가고 다음 날인
    7월 32일이 왔다
    7월 32일이 와서는 가지 않고
    족두리꽃이 피고
    그다음 날인 33일이 오고
    와서는 가지 않고
    두릅나무에 꽃이 피고

    - 오규원, 〈물물과 나〉 부분

7월 31일이 갔다. 허구다. 그럼 오늘 7월 32일은? 헉! 그런 날이 있어? 그 순간, 우리는 '진짜 오늘'을 만난다.

생생한 오늘. 살아 있는 실재의 날.

저 나무와 풀들, 새들과 벌레들…. 온 생명체들이 누리는 약동하는 오늘을.

시인은 우리를 꿈에서 깨워 '물물과 나'로 만나는 기적이 일어나게 한다.

나의 해방일지

> 단지 예술에 의해서만 우리는 자신의 바깥으로 나아갈 수 있고,
> 다른 사람들이 이 우주에서 무엇을 보고 있는지를 알게 된다.
>
> - 마르셀 프루스트(Marcel Proust, 1871-1922, 프랑스의 소설가)

어릴 적 부모님에게서 '못됐다'라는 말을 몇 번 들었던 기억이 있다. 나는 그때마다 속으로 수긍하지 않았다.

나는 내가 정말 '나쁜 놈'이라고는 전혀 생각하지 않았다. 중년에 들어서며 그 말이 무엇을 의미하는지를 차츰 알아 가게 되었다.

나는 어릴 때 엄마에게 혼이 나면, 방에 들어가 장롱의 작은 서랍에 있는 물건들 중 엄마 것과 내 것을 떼어 놓았다.

이런 얘기를 하면 다들 웃었다. "참 남자 애가?" 까칠한 아이, 나의 어린 시절의 자화상이다.

소심한 아이가 불우한 환경에서 자라며 형성된 나쁜 성격일 것이다. 나는 항상 사람을 둘로 나눴다.

'나의 편인가? 남의 편인가?' 이런 사고가 나의 무의식에 깊이 뿌리를 내리고 있다는 생각이 든다.

세 들어 살며 항상 주인집의 눈치를 보다 보니, 그런 사고가 형성되었을 것이다. 이런 사고방식이 초등학교에 들어가며 더 깊어진 것 같다.

시골 아이가 읍내 학교에 다니며 희멀건 읍내 아이들에게 갖게 되는 열등의식은 너무나 깊어져 갔을 것이다.

30대 중반에 들어서며 내게 위기가 왔다. 폭발할 것 같았다. 나는 직장을 그만두고 자유인이 되었다.

시 공부를 하고 뒤풀이를 할 때, 그 동안 내 안에 쌓여 있던 어두운 내가 밖으로 뛰쳐나왔다.

그때까지 나는 한 번도 술주정을 한 적이 없었다. 아니, 나는 술에 취한 적이 한 번도 없었다.

그런데, 오! 나는 쉽게 술에 취해 마구 울부짖었다. 눈물이 쏟아져 흘러내렸다. 한 번 마음의 둑이 무너지자 걷잡을 수 없었다.

거의 10여 년 정도 마음을 정화한 것 같다. 그때 들여다본 내 마음

속은 흡사 우물 같았다.

평소에는 컴컴했다. 한참 동안 눈물을 쏟고 나면 내 마음의 우물은 맑디맑았다. 세상도 해맑았다.

그동안 나는 항상 나를 선한 자라고 생각하고 있었다. '세상 사람들이 나만큼만 착하게 살면 세상이 참 좋아질 텐데.' 하고 생각했었다.

빈농의 아이는 자신보다 강한 자들을 모두 악한 자로 만들고 자신을 선한 자로 만들어 힘든 삶을 버텨 냈던 것이다.

니체가 말하는 노예 도덕이었다. 자신이 선한 자라는 강한 믿음을 가진 인간은 얼마나 위험한가!

나는 고등학교 때 육군사관학교에 가려 한 적이 있었다. 그 당시에는 돈이 안 들어가는 대학에 가고 싶다고 생각했지만, 나의 속마음은 권력욕이 아니었을까?

그때 육사에 갔더라면 나는 어떻게 되었을까? 아마 '못된 장교'가 될 확률이 높았을 것이다.

학창 시절에 열등의식이 강했던 히틀러는 최고의 권력을 잡게 되자 악마의 화신이 되지 않았는가?

그는 음악을 좋아했다고 한다. 그는 음악을 들으며 잠시 악마인 자신에게서 해방될 수 있었을 것이다.

현대 소설의 창시자로 칭송을 받는 프루스트는 말했다. "단지 예술에 의해서만 우리는 자신의 바깥으로 나아갈 수 있고, 다른 사람들이 이 우주에서 무엇을 보고 있는지를 알게 된다."

나는 시 공부를 하며 나 자신의 바깥으로 나아갈 수 있었다. 다른 사람들이 무엇을 보고 있는지를 알게 되었다.

심층심리학자 칼 융은 "인생의 목적은 자기실현(自己實現)."이라고 말했다. 우리의 무의식에는 헛것인 자신들이 켜켜이 쌓여 있다.

이것들을 다 씻어 내고 깊은 마음속에 있는 말간 나를 드러내는 것, 이 나로 세상을 살아가는 것, 이것이 인생의 목적이다.

지금도 내 마음 깊은 곳에는 뱀처럼 똬리를 튼 어두운 내가 있다. 밖으로 뛰쳐나오려 호시탐탐 기회를 엿보고 있다.

내가 진짜 나로 살아가면 그는 힘을 쓰지 못한다. 나는 항상 이 진짜 나를 잃어버리지 않도록 정신을 바짝 차리고 있어야 한다.

내 희망의 내용은 질투뿐이었구나
그리하여 나는 우선 여기에 짧은 글을 남겨 둔다
나의 생은 미친 듯이 사랑을 찾아 헤매었으나
단 한 번도 스스로를 사랑하지 않았노라

- 기형도, 〈질투는 나의 힘〉 부분

사람은 누구나 미친 듯이 사랑을 찾아 헤맬 것이다.

그런데 왜 이 세상은 아비규환의 생지옥일까?

질투가 그들의 힘이었기 때문일 것이다.

'질투는 나의 힘'이라는 것을 아는 시인은 이제 스스로를 사랑하게 될 것이다. 그는 머지않아 사랑을 되찾게 되었을 것이다.

삶도 모르는데 어찌 죽음을 알겠는가?

> 잘 보낸 하루가 행복한 잠을 가져오듯이
> 잘 산 인생은 행복한 죽음을 가져온다.
> - 레오나르도 다 빈치(Leonardo da Vinci, 1452-1519, 이탈리아의 화가)

자로가 죽음에 대해 묻자 공자가 말했다. "아직 삶도 모르는데, 어찌 죽음을 알겠는가?"

석가의 생각과 같다. 죽음에 대해 묻는 한 제자에게 석가는 '전쟁터에서 독화살을 맞은 병사'를 예로 든다.

독화살을 맞아 곧 죽게 된 병사가 옆에 있는 동료 병사에게 "독화살은 누가 쏘았을까?" 하고 물었다.

동료 병사가 독화살을 쏜 적의 병사가 누군지 알아보고 오자 그 병사는 이미 죽어 있었다.

석가는 그런 의문 자체가 쓸데없는 생각이라고 가르친 것이다. '지금 이 순간 잘 사는 게 중요하지 않느냐?'

그렇다. 죽음의 문제는 삶의 문제다. 저 들판에 피어나는 풀 한 포기도 죽음은 아예 생각조차 하지 않을 것이다.

그는 오로지 지금 이 순간의 삶에 최선을 다할 것이다. 물을 향해 온 힘을 다해 뿌리를 뻗어 가고, 빛을 향해 온 힘을 다해 가지를 뻗어 갈 것이다.

그렇게 전 존재가 잎과 꽃으로 피어나고 열매를 맺게 된다. 그러다 어느 날 한껏 피운 자신을 툭툭 떨어뜨린다.

앙상한 마른 가지로 서 있는 가을 들풀들, 바람에 폴폴폴 흩날리고 있다. 그들은 여한이 없어 보인다.

그래서 천지자연, 산천초목은 언제 봐도 아름답다. 생각하는 동물로 진화한 인간만이 문제다.

생각을 조금이라도 잘못하게 되면, 천지자연의 조화를 깨뜨리게 된다. 인간은 쓸데없이 자신을 과장하거나 스스로 위축되기 때문이다.

진인사대천명(盡人事待天命)이라고 한다. 사람으로서 해야 할 일을 다 하고 나서 하늘의 뜻을 기다린다는 뜻이다.

인간에게는 근원적인 생명의 에너지가 있다. 이것을 스피노자는

'코나투스'라고 하고 니체는 '힘에의 의지'라고 했다.

우리는 이 힘이 향하는 곳으로 가야 한다. 그런데 우리의 머릿속에 쓸데없는 지식들이 가득 차 이 힘이 향하는 곳을 찾기가 쉽지 않다.

계속 좋아하는 것들을 해 보는 수밖에 없다. 처음에는 좋아한다고 생각한 것들이 시들해지는 경우가 많을 것이다.

살아오면서 길들여진 것들이다. 수많은 시행착오를 겪으면서 우리는 지치지 않는 '내적인 힘'을 발견하게 될 것이다.

어제 공부 모임에서 독일에서 10여 년을 살다 온 한 회원이 말했다. "독일에서는 예술가들이 우리처럼 대박을 내려고 하지 않아요. 예술과 함께 살아가요."

예술과 함께 살아가면서 서서히 예술적인 인간이 되어 가는 삶, 얼마나 멋진가! 이렇게 자신을 한껏 꽃피워 가는 사람은 죽음도 선선히 받아들일 수 있을 것이다.

사상, 철학, 종교, 예술, 학문 등은 나와 별개로 이 세상에 존재하는 게 아니라 나의 삶과 함께 존재한다.

풀과 나무들이 공기를 마시고 햇빛을 쬐듯이 우리는 그런 정신적인 것들과 함께 살아가야 하는 것이다.

> 상한 갈대라도 하늘 아래선
> 한 계절 넉넉히 흔들리거니
> 뿌리 깊으면야
> 밑둥 잘리어도 새순은 돋거니
> 충분히 흔들리자 상한 영혼이여
> 충분히 흔들리며 고통에게로 가자
>
> - 고정희, 〈상한 영혼을 위하여〉 부분

우리는 살아가면서 마주치게 되는 온갖 고통들을 외면하지 말아야 한다. 의연하게 맞서야 한다.

그러면 우리 안에서 알 수 없는 어떤 힘이 솟아 올라오게 된다. 우리는 이 힘으로 고난을 헤쳐 나갈 수 있게 된다.

전래 동화에는 고난에 처한 주인공을 도와주는 동물들이 많이 나온다. 우리가 고난을 받아들이면, 천지자연의 기운이 함께한다는 상징이다.